Lauther-Pohl / Pohl-Patalong

Krippenspiele

HERDER

GEMEINDEPRAXIS

Maike Lauther-Pohl / Stephan Pohl-Patalong

Krippenspiele

Für Kindergarten,
Schule und Gemeinde

Mit CD-ROM

HERDER

FREIBURG · BASEL · WIEN

Umschlaggestaltung: Finken & Bumiller
Umschlagmotiv: © KNA-Bild (Bild Nr. 202685)

Satz- und CD-ROM-Gestaltung: SatzWeise, Föhren
Herstellung: fgb · freiburger graphische betriebe
www.fgb.de

Gedruckt auf umweltfreundlichem, chlorfrei gebleichtem Papier
Printed in Germany

ISBN 978-3-451-34104-5

Inhalt

Krippenspiele für ältere Kinder und Jugendliche

Vorwort

Krippenspiele machen Spaß – denen, die spielen, ebenso wie den Kleinen und Großen im Publikum. Und die, die sie einstudieren, freuen sich, wenn sie passende Vorlagen finden.

Nachdem wir einige Jahre lang Krippenspiele für die jeweiligen Weihnachtsgottesdienste geschrieben und in der Praxis erprobt hatten, wurden wir gefragt, ob wir diese Stücke nicht auch anderen zur Verfügung stellen könnten. Das tun wir hiermit gerne.

Diese Sammlung umfasst Krippenspiele für alle Altersgruppen in Schule und Kirchengemeinde: Sowohl für Grundschule, Sekundarstufe I und Konfirmationsgruppen / Firmgruppen gibt es Stücke als auch für Kinder im Kindergarten; auch Kinder unter drei Jahren können sich – z. B. mit Gestaltung ohne Sprache – einbringen.

Die Zusammenstellung kommt den unterschiedlichen Anforderungen an Krippenspiele entgegen: Es gibt Stücke im klassisch vertrauten Stil, humorvoll moderne, tiefsinnig aussagekräftige mit gleichzeitigem Schmunzeleffekt auch für die Großen. Sowohl einfache als auch anspruchsvolle Rollen kommen den Bedürfnissen verschiedener Kinder und Jugendlicher entgegen.

Wesentlich ist jedem Krippenspiel, dass es die christliche Weihnachtsbotschaft in die heutige Verstehenswelt von Kindern, Jugendlichen und Erwachsenen trägt, ohne sie zu zerreden. Kritische Fragen von Menschen heute werden integriert und altersgemäße Antwortversuche angeboten. Spielerisch und kindgemäß können sich Kinder und Jugendliche (und damit häufig auch Erwachsene) so dem Weihnachtsgeheimnis nähern. In jedem Stück steckt auch ein Teil unserer eigenen theologischen Auseinandersetzung mit der Weihnachtsgeschichte und gleichzeitig die tiefe Überzeugung, dass in diesen Spielen immer viel mehr und noch ganz anderes passiert, als wir planen und anlegen können.

Uns hat das Schreiben und Erproben der Krippenspiele viel Freude gemacht und uns selbst immer wieder den einen oder anderen neuen Blick auf die Weihnachtsgeschichte beschert.

Maike Lauther-Pohl und Stefan Pohl-Patalong

Krippenspiele
für den Kindergarten

1. Wir haben von dem Kind gehört!

Krippenspiel für Familiengruppen im Kindergarten

Beschreibung:	Die Rollen haben unterschiedliche Anforderungen und können entsprechend der Altersstufen verteilt werden. Es gibt drei Erzählrollen für Kinder, die gerne viel Text übernehmen möchten (auch für Hortkinder möglich), einige Rollen, die nur einfache Darstellaufgaben haben und einige mit wenig Text. Auch Kinder unter drei Jahren können ohne Sprechtext in die Gestaltung mit Tüchern und anderen Gegenständen einbezogen werden. Da bei der Gestaltung Tücher auf den Boden gelegt werden, sollten alle Zuschauenden gut auf die »Bühne« sehen können.
Alter:	2–6 Jahre
Personen:	Kind 1–3, Maria, Josef, Engel 1–4, weitere Engel, Hirten/innen 1–3, weitere Hirten/innen, drei Weise aus dem Morgenland, ein/e Sternträger/in, Kinder in Bethlehem
Requisiten:	einige große Tücher (Laken o.ä.) in verschiedenen Farben: mehrere grüne, braune, graue, ein beiges oder gelbes Tuch; Gewänder für die Personen; eine Krippe (ob leer oder mit Babypuppe, mag jede selbst entscheiden), ein einfacher Stuhl oder Hocker, Ochse und Esel (gebastelt), mehrere größere selbst gebastelte Sterne, ein sehr großer Stern an einem Stab; mehrere Körbe mit etwas zu essen, das an alle verteilt werden kann, z.B. Brotstücke, Kekse, getrocknete Apfelringe o.ä.

▪ Spiel

Kind 1	Vor langer Zeit lebten in einem fernen Land Maria und Josef.

Maria und Josef treten auf. Sie halten sich an den Händen, gehen über die Bühne und bleiben in der Mitte stehen.

Kind 2	Maria war schwanger. Sie sollte bald ein Baby bekommen.
Kind 3	Der Kaiser wollte damals genau wissen, wie viele Menschen in seinem Reich wohnten. Deshalb mussten alle in die Stadt reisen, in der sie aufgewachsen waren.

Kind 1	Josef und Maria mussten nach Bethlehem gehen.
Kind 2	Sie machten sich auf den Weg.

Mehrere Kinder legen große grüne Tücher im vorderen Bereich der Bühne auf dem Boden aus, darauf ein langes braunes Tuch als Weg. Maria und Josef brechen auf und gehen langsam den Weg entlang.

Kind 3	Es dauerte einige Tage, dann kamen sie in Bethlehem an.

Kinder legen graue und braune Tücher im hinteren Teil der Bühne als Stadt Bethlehem aus. Maria und Josef gehen zu den grauen Tüchern, bleiben stehen und schauen sich um.

Kind 1	In der Stadt war es sehr voll.

Viele Kinder überqueren die Bühne und gehen einige Male geschäftig hin und her, dann treten sie wieder ab.

Kind 2	Maria und Josef suchten ein Haus für die Nacht. Sie klopften bei vielen Menschen an. Aber überall das gleiche: Es war kein Platz für sie, alle Häuser waren voll.
Kind 3	Schließlich fanden sie einen Stall, in dem sie übernachten konnten.

Kinder legen in die Mitte auf die grauen Tücher ein helleres Tuch, eine leere Krippe und ein einfacher Stuhl werden darauf aufgestellt. Maria und Josef gehen hin, Maria setzt sich auf den Stuhl.

Kind 1	Nur ein Ochse und ein Esel waren außer ihnen in dem Stall.

Zwei Kinder stellen einen gemalten Ochsen und einen Esel in den Stall auf das helle Tuch.

Kind 2	In dieser Nacht kam das Kind auf die Welt. Maria und Josef freuten sich sehr. Sie nannten das Kind Jesus.
Kind 3	Sie wussten: Jesus ist ein besonderes Kind.

Die Hirtinnen und Hirten kommen auf die Bühne, setzen sich auf eines der grünen Tücher und bauen ein Lagerfeuer aus Hölzern und roten Tüchern auf. Sie haben Schaffelle dabei und mehrere Körbe, in denen ein wenig zu essen ist, das später an alle verteilt werden kann.

Kind 1	Es waren Hirten in der Nähe auf dem Feld. Sie passten in der Nacht auf ihre Schafe auf.
Kind 2	Auf einmal wurden sie sehr erschreckt: Ganz plötzlich wurde es sehr hell.
Kind 3	Engel traten zu ihnen.

Mehrere Engel treten zu den Hirtinnen und Hirten. Jeder Engel hält einen leuchtenden gebastelten Stern in die Höhe.

Kind 1	Die Engel sprachen zu ihnen:
Engel 1	Fürchtet euch nicht!
Engel 2	In einem Stall in Bethlehem ist ein Kind geboren.
Engel 3	Es kommt von Gott.
Engel 4	Es bringt den Menschen Frieden und große Freude!
Engel 1	Es ist der Heiland für die Welt!
Alle Engel	*(gemeinsam)* Ehre sei Gott in der Höhe und Friede auf Erden!
Kind 3	Dann gingen die Engel wieder weg.

Die Engel gehen von den Hirtinnen und Hirten weg und setzen sich zu Maria und Josef in den Stall.

Hirte/in 1	Was war das denn?
Hirte/in 2	Die Engel haben uns von dem Kind erzählt.
Hirte/in 3	Es ist der Heiland der Welt!
Hirte/in 1	Das will ich sehen. Lasst uns aufbrechen und dorthin gehen!

Die Hirtinnen und Hirten stehen auf. Sie gehen mit ihren Fellen und den Körben mit etwas zu essen von der Bühne herunter, durchqueren den Raum, kommen wieder auf die Bühne und knien vor der Krippe nieder. Sie legen ihre Hüte ab und breiten die Schaffelle vor der Krippe aus.

Hirte/in 1	Wir haben von eurem Kind gehört!
Hirte/in 2	Es ist dar Heiland der Welt!

Hirte/in 3	Wir sind gekommen, um es zu sehen und es anzubeten.
Josef	Ihr seid uns willkommen!
Maria	Wir danken für die Gaben.
Hirte/in 1	Wir haben auch etwas zu essen mitgebracht.

Der Hirte überreicht Josef einen Essenskorb. Der nimmt sich etwas daraus und gibt Maria davon ab.

Josef	Vielen Dank. Von dem, was hier im Stall geschah, sollen alle Menschen etwas abbekommen.

Er reicht den Korb weiter an die Engel, die im Stall sitzen. Jedes Kind nimmt sich etwas daraus und gibt den Korb dann weiter. Die anderen Hirtinnen und Hirten reichen die übrigen Körbe zu den Kindern, die am Anfang durch die Stadt gelaufen sind. Sie nehmen sich etwas und bringen dann die Körbe zu den Zuschauern. Jede/r darf sich etwas herausnehmen und essen.

Wenn alle etwas erhalten haben, werden die Körbe wieder eingesammelt und in den Stall gestellt.

Kind 1	Auch andere Menschen haben von dem Kind erfahren.
Kind 2	Weise aus dem Morgenland folgten einem hellen Stern.

Der/die Sternträger/in erscheint, hinter ihm/ihr drei Weise in schönen Gewändern. Sie haben kostbar aussehende Geschenke dabei. Sie bleiben zunächst vorne auf der Bühne stehen.

Kind 3	Bis zum Stall führte sie der Stern.
Kind 1	Sie kamen zum Kind und beteten es an.

Der/die Sternträger/in geht mit den Weisen zum Stall, sie bleiben neben der Krippe stehen. Die Weisen knien nieder und legen ihre Geschenke hin.

Kind 2	Alle, die zum Stall kamen und das Kind sahen, wurden sehr froh.
Kind 3	Die Hirten und die Weisen kehrten wieder um und erzählten allen, was sie gesehen hatten.
Kind 1	Maria behielt alles, was sie hörte, in ihrem Herzen.

Alle Kinder, bis auf Maria und Josef und den Sternträger, stehen auf und setzen sich zu den Zuschauern. Alle singen gemeinsam:

■ Lied

Ihr Kinderlein kommet

2. Jesus ist da!

Krippenspiel für den Kindergarten

Beschreibung:	Die Weihnachtsgeschichte wird in einfacher Form von einem/r Erzähler/in vorgetragen. Die Kinder stellen in den klassischen Krippenspielrollen ohne Worte das Gesagte dar. Andere Kinder verklanglichen mit Tönen und einfachen Instrumenten die Erzählung. Auf diese Weise tragen viele Kinder auch ohne Sprache zur Gestaltung bei.
Alter:	Kindergartenalter, auch kleine Kinder
Personen:	Engel, Maria, Josef, Menschenmenge, mehrere andere Engel, Hirten/innen, drei Weise, Kind mit Stern, Musikkinder
Requisiten:	traditionelle Krippenspielgewänder, ein großer Stern, Stall und Krippe mit Stuhl, Geschenke der Weisen, klingende Geräusch-instrumente (Trommel, Triangel, Klangschale, Kazoo, Mund-harmonika etc.)
Verklanglichen:	Die Musikkinder suchen sich je ein Musik- oder Geräusch-instrument aus. Zunächst einmal dürfen alle ausprobieren, was mit dem Instrument möglich ist, was gut klingt, was gefällt. Dann überlegt die Musikgruppe gemeinsam, welcher Ton zu welcher Person aus der Weihnachtsgeschichte passt. Verschie-dene Möglichkeiten werden erprobt, bis die Gruppe sich für Zuordnungen entscheidet. Während der Erzählung spielen die Schauspielkinder auf der Bühne das, was sie hören. Die Musikkinder gestalten mit ihren Tönen immer dann, wenn die jeweilige Person von dem/der Erzähler/in erwähnt wird, und zwar – das erfordert Aufmerksamkeit – jeweils in die kurze Pause nach jedem Satz hinein. Tipp: Die Leitung wählt sich ein Instrument mit herausragen-dem Ton, es wird verabredet, dass alle Instrumente sich schla-fen legen, wenn der Ton der Leiterin erklingt.
Wichtig:	In den kursiv gedruckten Regieanweisungen finden sich Vor-schläge zur Gestaltung. Wesentlich ist aber bei diesem Stück, dass die Kinder sich selbst überlegen, wie sie das Erzählte darstellen wollen. Bei den Proben können die Kinder verschie-dene Möglichkeiten ausprobieren und sich mit den anderen Kindern und der »Regisseurin« beraten.

▨ Spiel

Erzähler/in *(liest alles, was nicht kursiv gedruckt ist)* Maria war gerade in ihrem Haus.
Maria betritt die Bühne. Ein Ton zu Maria erklingt.

Auf einmal erschrak sie. Ein Engel trat neben sie.
Maria erschrickt, als ein Engel sich neben sie stellt. Der Ton zum Engel erklingt.

Der Engel sprach zu Maria: »Fürchte dich nicht! Gott hat Gutes mit dir vor! Du wirst Gottes Sohn auf die Welt bringen. Er soll Jesus heißen.«
Der Engel fasst Maria an den Händen.

Maria war sehr verwundert. »Wie soll das gehen? Aber wenn Gott es so will, dann soll es geschehen.«
Der Ton von Maria erklingt.

Der Engel strich Maria über die Schulter und verließ sie.
Der Engel geht von der Bühne ab, der Engelton erklingt.

Einige Zeit später hörten Maria und ihr Mann Josef von Kaiser Augustus.
Josef betritt die Bühne und kommt auf Maria zu, der Ton zu Josef erklingt.

Der Kaiser wollte wissen, wie viele Menschen in seinem Land wohnten. Um gezählt zu werden, musste jeder in die Stadt gehen, in der er geboren worden war. Maria und Josef mussten in die Stadt Bethlehem. Sie brachen auf, obwohl Maria inzwischen schwanger war und bald ihr Kind bekommen sollte.
Maria und Josef gehen über die Bühne, ihre Töne erklingen.

In Bethlehem war es schon sehr voll. Viele Leute waren in die Stadt gekommen.
Viele Kinder – die Menschenmenge – eilen im Laufschritt über die Bühne, ein Klangkonzert ertönt. Die Menschenmenge tritt wieder ab.

Obwohl sie an viele Türen klopften, fanden Maria und Josef kein Zimmer für die Nacht.
Maria und Josef bleiben stehen und schütteln traurig die Köpfe, ihre Töne erklingen.

Schließlich fanden sie einen Stall, in dem sie übernachten konnten. Sie gingen in den Stall hinein.

Maria und Josef gehen zum Stall hinten auf der Bühne, Maria setzt sich, ihre Töne erklingen.

In der Nacht bekam Maria das Kind. Sie nannten es Jesus.
Der Ton zu Jesus erklingt.

Sie legten es in eine Krippe. Ein anderes Bett hatten sie nicht. In der Nähe waren Hirten auf dem Feld. Die passten in der Nacht auf ihre Tiere auf.
Die Hirtinnen und Hirten kommen auf die Bühne und setzen sich vorne an den Bühnenrand. Die Klänge zu den Hirten ertönen.

Da trat der Engel zu den Hirten. Es wurde ganz hell.
Der Engel kommt zu den Hirtinnen und Hirten, die drehen sich überrascht zu ihm um und schauen ihn an. Der Ton des Engels erklingt.

Der Engel sprach zu den Hirten: »Fürchtet euch nicht. Ich erzähle euch von einer großen Freude! Für euch ist Jesus geboren. Jesus ist da! Er ist der Heiland der Welt. Er wird Frieden für alle bringen.«
Der Ton von Jesus erklingt.

Und der Engel sprach weiter: »Das ist das Zeichen für euch: Ihr werdet das Kind in einer Krippe finden, in Windeln gewickelt.« Auf einmal waren da ganz viele Engel. Sie sangen ein Lied vom Frieden für alle.
Einige weitere Engel kommen hinzu. Viele helle Töne erklingen.

Die Engel verließen die Hirten wieder.
Engelstöne sind zu hören.

Die Hirten waren ganz aufgeregt. Sie sprachen zueinander: »Das müssen wir sehen! Lasst uns aufbrechen und zu dem Kind hingehen, von dem uns die Engel erzählt haben!«
Hirtentöne erklingen.

Schnell liefen die Hirten los. Sie kamen zu dem Stall und fanden Maria und Josef und dazu das Jesuskind.
Die Hirten/innen laufen einmal über die Bühne und knien vor der Krippe nieder. Die Töne von Maria und Josef und dem Jesuskind sind zu hören.

Sie erzählten, was sie von dem Engel gehört hatten. Alle wunderten sich. Maria behielt aber alle diese Worte in ihrem Herzen.
Marias Ton erklingt.

Auch Weise aus dem Morgenland hatten von dem Jesuskind gehört.
Drei Weise treten vom Rand her auf die Bühne. Vor ihnen geht ein Kind mit einem großen Stern. Die Klänge zu den Weisen und zum Stern ertönen.

Von weit her kamen sie, um das Kind anzubeten. Sie folgten einem hellen Stern, der ihnen die Richtung zeigte.
Der Ton zum Stern erklingt.

Sie gelangten zu dem Stall und brachten dem Kind Geschenke mit. Sie knieten nieder und legten ihre Geschenke vor das Kind.
Die Töne der Weisen und des Jesuskindes sind zu hören.

Und die Hirten kehrten wieder um. Sie dankten Gott für das, was sie erlebt hatten. Auch die Weisen gingen zurück.
Hirten/innen und Weise gehen von der Bühne. Die Töne der Hirten und der Weisen erklingen.

Bis heute freuen wir uns, dass Jesus auf die Welt gekommen ist. Wie feiern: Jesus ist da!
Alle Instrumente erklingen gemeinsam.

▓ Lied

Ein gemeinsames Lied kann sich anschließen.

3. Der kleine Hirte und der Räuber

Krippenspiel für Kindergarten- und Grundschulgruppen

Beschreibung:	Ein Hirtenjunge macht sich auf den Weg zur Krippe, um das Kind zu sehen. Obwohl er eigentlich dem Jesuskind einige Geschenke mitbringen will, verschenkt er unterwegs alles an diejenigen, die es nötig haben. Schließlich bringt er sogar einen Bösewicht mit zur Krippe, der dort die Chance erfährt, sich zu ändern.
Alter:	4–8 Jahre, auch mit älteren Kindergartenkindern möglich, da manche Rollen nur sehr wenig Text beinhalten
Personen:	Hirtenjunge, Räuber, ein/e alte/r Hirte/in, Hirte/in 1–4, ein alter Mann und eine alte Frau, Kind 1–4, Maria und Josef Die Anzahl der Mitwirkenden lässt sich je nach Zahl der Kinder, die mitwirken wollen, verändern. Schafe, Ochse und Esel können entweder aus Material hergestellt oder – wenn sich viele Kinder beteiligen möchten – von Personen dargestellt werden.
Requisiten:	traditionelle Krippenspielkostüme, eine Decke, ein Beutel mit »Schafmilch«, ein Fladenbrot, ein Lagerfeuer aus Holz mit einer Lichterkette unter roten Tüchern, ein Baum

▨ Erste Szene

Hirtenlager, Schafe, Lagerfeuer. Um das Feuer herum sitzen und stehen 4 Hirten/ innen

Hirte/in 1   Kalt ist es heute.

Hirte/in 2   Ja, und dunkel. Ob die anderen wohl den Weg in der Dunkelheit finden?

Hirte/in 1   Hast du nicht diesen einen Stern gesehen? *(zeigt nach oben)* Der leuchtet viel heller als alle anderen. In diese Richtung sind sie gegangen.

Der Hirtenjunge kommt auf die Bühne mit Holz unter dem Arm, guckt sich um.

Hirtenjunge   Wo sind denn die anderen? Es fehlen ja ganz viele.

Hirte/in 1	Du hast es nicht mitbekommen, weil du gerade Holz sammeln warst. Es ist gerade etwas Wunderbares geschehen!
Hirte/in 2	Ja, stell dir vor, hier waren richtige Engel! Ganz viele! Die haben gesungen!
Hirte/in 3	Und sie haben uns erzählt, dass in Bethlehem im Stall ein Kind geboren ist.
Hirte/in 4	Dieses Kind ist etwas ganz Besonderes. Es heißt Jesus und ist Gottes Sohn.
Hirte/in 2	Die Engel haben gesagt, es ist ein König.
Hirte/in 3	Er wohnt aber nicht in einem Palast, sondern er ist arm und in einem Stall auf die Welt gekommen.
Hirte/in 4	In einer Krippe soll er liegen.
Hirte/in 2	Jeder Mensch kann zu ihm kommen, egal wie arm er ist.
Hirte/in 1	Und deshalb sind die anderen Hirten aufgebrochen. Sie wollen sehen, was die Engel da erzählt haben.
Hirte/in 2	Und sie bringen Geschenke von uns mit, Schaffelle und Milch.
Hirtenjunge	Warum haben sie mich nicht mitgenommen? Ich möchte auch losgehen und den kleinen König anschauen.
Hirte/in 1	Du warst doch nicht da!
Hirtenjunge	Ich will aber auch hin.
Hirte/in 1	Dann musst du schnell hinterher gehen, vielleicht holst du sie ja noch ein!
Hirtenjunge	Meinst du? Ja, mach' ich. Hm, aber was könnte ich dem kleinen Kind mitbringen? Schaffelle habe ich nicht. Ich nehme meine Decke mit und etwas Schafsmilch in einem Beutel. Und ein bisschen Brot.
Hirte/in 1	Siehst du diesen Stern dort? *(zeigt nach oben)* Dem musst du folgen, dann wirst du wohl die anderen finden.

Hirtenjunge	Das werd' ich schon schaffen.

Der Hirtenjunge hängt sich seine Decke um, packt Brot ein, bindet sich einen Beutel an den Gürtel und geht los. Er tritt von der Bühne ab. Hirten und Schafe treten ebenfalls ab, das Lagerfeuer wird zur Seite geräumt.

▊ Lied

Kommet ihr Hirten

▊ Zweite Szene

Auf der Bühne versteckt sich – sichtbar für das Publikum – hinter einem Baum ein Räuber. Der Hirtenjunge betritt die Bühne.

Hirtenjunge	Ich muss mich ein bisschen beeilen, damit ich die anderen einholen kann. *(geht auf der Bühne umher)*
Räuber	Oho, wer ist denn das? Das ist ja ein Hirtenjunge. Der hat aber viel zu tragen. Der weiß wohl nicht, dass ich hier in der Gegend lebe und allen, die vorbei kommen beim Tragen helfe, hoho, jedenfalls nehme ich ihnen »gern etwas ab«, hohoho. Ich nehme den Leuten alles, was ich gebrauchen kann. Ich kann zum Beispiel eine Decke gut gebrauchen. Und zu essen sowieso. Ja, der Junge kommt mir gerade recht, ich werde ihn berauben!

Der Räuber erhebt sich und schleicht mit etwas Abstand dem Jungen hinterher. Er kommt dabei immer näher an den Jungen heran. Als er schon ganz dicht hinter dem Hirtenjungen ist, treten eine alte Frau und ein alter Mann auf die Bühne.

Hirtenjunge	Guten Abend. Sind euch auf eurem Weg Hirten begegnet? Ich suche sie.
Alte Frau	Nein, mein Junge.
Alter Mann	Wir haben aber auch nicht so darauf geachtet, was um uns herum ist, es ist so kalt, wir frieren sehr.

Alte Frau	Wir können uns kaum noch bewegen vor Kälte.
Hirtenjunge	Oh, ihr Armen! Das tut mir leid. Ich habe hier eine Decke. Eigentlich ist sie für ein kleines Kind. Es ist in einem Stall geboren. Ein König soll es sein. Oder werden. Die Decke wollte ich ihm schenken … aber ich habe ja auch noch Brot und Milch für das Kind. Am besten, ihr nehmt die Decke. Ich glaube, ihr braucht sie.

Der Hirtenjunge legt den alten Leuten die Decke um die Schultern.

Alter Mann und alte Frau Danke schön, vielen Dank, wie lieb von dir!

Die beiden verlassen die Bühne.

Räuber	Was ist das denn? Die Decke – die wollte ich doch klauen! Und jetzt verschenkt der Junge sie einfach! Das kann doch wohl nicht wahr sein! Was mach' ich denn jetzt? Ich muss mich beeilen, damit ich wenigstens das Brot und die Milch bekomme!

Der Hirtenjunge geht weiter, der Räuber wieder hinterher.

Hirtenjunge	*(zu sich selbst)* Jetzt muss ich aber schnell den anderen Hirten hinterher. Ich darf mich nicht so aufhalten lassen, sonst hole ich sie am Ende gar nicht mehr ein. *(läuft los)*

Eine Gruppe von Kindern tritt auf die Bühne. Die Kinder jammern laut.

Hirtenjunge	Was ist denn mit euch los? Warum jammert ihr so?
Kind 1	Wir haben Durst!
Kind 2	Großen Durst!
Kind 3	Nirgendwo finden wir Wasser!
Kind 4	Und niemand hat etwas Milch für uns über!
Hirtenjunge	Ihr Armen! Ich habe etwas Milch dabei. Eigentlich wollte ich sie dem kleinen Kind schenken, das da im Stall geboren ist. Aber … bestimmt haben die anderen Hirten, die vor mir los sind, auch Milch mit dabei für das Kind. Hier, ihr könnt meine Milch haben.

Krippenspiele für den Kindergarten

Der Hirtenjunge reicht ihnen den Beutel mit Milch. Die Kinder jubeln und trinken alle nacheinander daraus. Dann verlassen die Kinder fröhlich die Bühne.

Räuber	Oh nein, nun hat der Junge auch noch die Milch verschenkt! Ist der denn noch zu retten? Und ich? Was soll ich denn noch klauen? Nun muss ich mich aber ranhalten, bevor das Brot auch noch weg ist. Ich habe Hunger, mein Magen knurrt schon.

Der Räuber läuft in einem Bogen um den Jungen herum und mit Gebrüll von vorne auf ihn zu.

Räuber	*(laut)* Ha! Jetzt hab ich dich!
Hirtenjunge	*(bleibt ganz ruhig)* War das dein Magen, der da gerade so laut geknurrt hat? Ich habe das schon die ganze Zeit gehört. Das tut mir leid. Hier, nimm mein Brot. Wenn du so einen großen Hunger hast, kannst du es essen.
Räuber	Das ist doch zu ärgerlich! Jetzt wollte ich dir das Brot klauen und was ist? Du schenkst es mir. *(Pause)* Aber – na gut. *(nimmt das Brot zögernd, dann beißt er ein bisschen ab)*
Hirtenjunge	Du hast Glück, dass ich das Brot dabei habe. Ich wollte es eigentlich einem kleinen Kind schenken. Weißt du, was die Engel den Hirten erzählt haben? Das Kind ist ein König, obwohl es arm in einem Stall geboren wurde. Ein ganz besonderer König. Jeder kann zu ihm kommen.
Räuber	Und dorthin bist du die ganze Zeit unterwegs?
Hirtenjunge	Ja, die anderen Hirten sind schon vor mir aufgebrochen. Ich habe sie noch nicht einholen können. Komm du doch auch mit zu dem Stall!
Räuber	Ich? Was soll ich denn da? *(dreht sich zum Publikum und sagt so, dass es der Hirtenjunge nicht hören kann)* Allerdings – wenn das Kind ein König ist, sind bestimmt viele reiche Leute da. Da kann ich sicher einiges rauben, hihihi. *(zum Hirtenjungen)* Also gut, ich gehe mit dir.

Hirtenjunge	Diesem Stern dort oben müssen wir folgen.

Hirtenjunge und Räuber treten von der Bühne ab.

▉ Lied

Stern über Bethlehem

▉ Dritte Szene

Im Stall sitzt Maria vor der Krippe, Josef steht dahinter. Auf der einen Seite sitzen die Hirten, auf der anderen stehen Ochse und Esel. Der Hirtenjunge und der Räuber kommen an.

Hirtenjunge	Schau! Da ist das Kind! Dort in der Krippe!
Räuber	Jaja, ich sehe es ja.
Hirtenjunge	*(zu Maria und Josef, etwas schüchtern)* Äh, hallo. Wir haben von eurem Kind gehört und wollen es so gerne sehen. *(zieht den Räuber am Ärmel näher heran)*
Maria	Ihr seid herzlich willkommen!
Hirtenjunge	Tja, … eigentlich wollte ich euch etwas mitbringen, eine Decke und Milch und Brot. Das hättet ihr sicher dringend gebrauchen können. Aber nun komme ich doch mit leeren Händen an.
Maria	Aber du kommst doch gar nicht mit leeren Händen. Du hast doch den Menschen dort neben dir mitgebracht.
Hirtenjunge	Wieso?
Josef	Na, ohne dich wäre dieser Kollege doch bestimmt nicht hergekommen. Schön, dass du da bist, auch wenn du wie ein rauer Geselle aussiehst!
Räuber	He, Moment mal, da stimmt etwas nicht. Räuber werden

Krippenspiele für den Kindergarten

nicht freundlich behandelt. Was ist hier los? *(schaut sich verwirrt um, dann, nach einer Pause)* Oder – bin ich gar kein Räuber mehr?

Josef   Also, ehrlich gesagt, ist es mir egal, wer du bist. Hier bist du jedenfalls genau richtig!

Der Hirtenjunge nimmt den Räuber an die Hand und zieht ihn dicht an die Krippe heran. Beide betrachten das Kind in der Krippe. Dann steht der Räuber auf und wendet sich an die Hirten im Stall.

Räuber   Äh, also, ich suche eine Stelle als ehrlicher Hirte – kann ich vielleicht bei euren Schafen mitarbeiten?

Hirtenjunge   Klar, gute Hirten werden immer gebraucht!

■ Lied

Ihr Kinderlein kommet

Krippenspiele
für Grundschulkinder

4. Im himmlischen Rat

Krippenspiel für Kindergarten- und Grundschulgruppen

Beschreibung:	Dieses Krippenspiel ist eine Erzählung aus dem himmlischen Geschehen. Verschiedene Engel machen auf dem Hintergrund ihrer besonderen himmlischen Aufgabe Vorschläge, wie die Geburt des Heilands durch die Engel unterstützt werden könnte. Doch der himmlische Rat verwirft eine Idee nach der anderen, bis ein kleiner Engel aus dem himmlischen Chor die entscheidende Idee hat.
Alter:	Grundschulalter, ebenso – wegen des geringen Textaufwandes – für ältere Kindergartenkinder geeignet
Personen:	ein/e Erzähler/in, ein/e Leser/in, Engel der Gerechtigkeit, Schutzengel, Friedensengel, kleiner Engel aus himmlischem Chor, evtl. ein Kinderchor
Requisiten:	Das Krippenspiel ist auch bei sehr beengten Platzverhältnissen gut aufführbar. An verschiedenen Stellen kann sehr gut ein Kinderchor zum Einsatz kommen. Die vier Engel können an ihren Requisiten erkennbar sein. Der Engel der Gerechtigkeit z. B. mit einer Waage, der Schutzengel z. B. mit einem Fernglas und der Friedensengel z. B. mit einem Zweig oder einer Taube. Der kleine Engel aus dem himmlischen Chor sollte von einem recht kleinen Kind gespielt werden. Er hat nichts weiter außer evtl. ein paar Noten bei sich.

▓ Erste Szene

Erzähler/in	Zu der Zeit als Jesus geboren wurde, hatten sich alle Engel und alle himmlischen Wesen im himmlischen Rat versammelt, um darüber zu beraten, wie man aus Sicht der Engel mit dieser neuen Entscheidung Gottes umgehen sollte, ausgerechnet in einem Kind als Mensch zur Welt zu kommen. Vier von den Engeln hörten besonders aufmerksam zu und machten sich Gedanken, wie die Engel dieses neue Vorgehen Gottes möglichst gut unterstützen könnten.

Engel der Gerechtigkeit	Ich bin der Engel der Gerechtigkeit. Ich sorge dafür, dass Menschen sich Gerechtigkeit wünschen.
Schutzengel	Ich bin ein Schutzengel. Ich versuche die Menschen davor zu beschützen, dass ihnen etwas Schlimmes passiert. Und manchmal beschütze ich sie vor sich selbst.
Friedensengel	Ich bin der Friedensengel. Ich sorge dafür, dass die Menschen Sehnsucht danach haben, dass auf der ganzen Welt Frieden ist.
Kleiner Engel aus dem himmlischen Chor	Ich bin ein Engel aus dem himmlischen Chor. Ich sorge für gar nichts. Ich singe einfach die himmlischen Lieder.
Erzähler/in	Der Großengel erklärte den anderen Engeln gerade, dass ihm diese Idee von Gott gar nicht ganz neu zu sein scheine. Ja, schon vor sehr langer Zeit hätten die Propheten von so etwas erzählt. Sie sollten sich doch mal zum Beispiel an Jesaja erinnern.

▮ Lesung

Leser/in	*(Jes 9, 1.5–6)* Das Volk, das im Dunkeln lebt, sieht ein großes Licht; für alle, die im Land der Finsternis wohnen, leuchtet ein Licht auf. Denn ein Kind ist geboren, der künftige König ist uns geschenkt! Und das sind die Ehrenamen, die ihm gegeben werden: umsichtiger Herrscher, mächtiger Held, ewiger Vater, Friedensfürst. Seine Macht wird weit reichen und dauerhafter Frieden wird einkehren. Er wird auf dem Thron Davids regieren, und seine Herrschaft wird für immer Bestand haben, weil er sich an die Rechtsordnungen Gottes hält. Der HERR, der Herrscher der Welt, hat es so beschlossen und wird es tun.

▮ Zweite Szene

Erzähler/in	Als der Engel der Gerechtigkeit diese Worte gehört hatte, trat er vor den himmlischen Rat und bat um Gehör:
Engel der Gerechtigkeit	Dieses Kind soll der Retter der Welt sein? Da habe ich eine Idee. Wir Engel werden das Kind begleiten mit dem ganzen himmlischen Heer und unseren flammenden Schwertern. Wir werden das Kind beschützen, bis es groß und mächtig ist. Und dann müssen alle dem himmlischen Frieden gehorchen.
Erzähler/in	Der himmlische Rat hat diesen Vorschlag lange geprüft. »So ein Kind braucht viel Schutz«, meinten die einen. »Das ist gefährlich«, hörte man andere rufen. Nach einiger Zeit wurden sie einig und ein Großengel verkündete das Ergebnis: »Eine verlockende Idee wäre es schon, aber die Menschen sind leider so, dass sie alles nachmachen, was sie von uns erleben. Würden wir mit unserem himmlischen Heer und den flammenden Schwertern vor ihnen stehen, dann würden sie schnell eigene Heere aufstellen und mit brutalen Waffen gegeneinander zu Felde ziehen. Nein, das würde nicht gut gehen. Wir würden das Gegenteil von dem erreichen, was wir eigentlich wollen.«
	In diesem Moment meldete sich ein Bote, der gerade von der Erde kam und berichten sollte, wie die Geschichte um die Geburt des Heilands auf der Erde inzwischen angefangen hatte.

▮ Lesung

Leser/in liest aus der Weihnachtsgeschichte, Teil 1: Lk 2, 1–7.

▪ Dritte Szene

Erzähler/in	Als der Schutzengel hörte, wie schlecht es dem Kind und seinen Eltern ergangen war, meldete er sich zu Wort:
Schutzengel	Ich habe eine Idee. Wir müssen das Kind beschützen und dafür sorgen, dass die Leute merken, wen sie da mitten unter sich haben. Wir könnten ein so tolles Wunder vollbringen, wie es die Welt noch nie gesehen hat. Wir könnten den Stall in das größte Schloss der Welt verwandeln. Und dann könnten wir alle Menschen in das Schloss holen und ihnen das Wunder zeigen. Jedenfalls muss es so beeindruckend sein, dass alle verstehen, dass das Kind der größte König ist, den man sich nur vorstellen kann. So werden sie dann auch verstehen, was Gott von den Menschen will.
Erzähler/in	Der himmlische Rat hat lange getagt über diesen Vorschlag. Die Vorteile schienen allen zuerst einzuleuchten. Und die Engel und der ganze himmlische Rat hatten so die Nase voll von dem Ungehorsam der Menschen, dass sie solch einen großen Auftritt sehr verlockend fanden. Doch nach einer Weile setzte sich einer der Großengel durch und meinte: »Ihr kennt die Menschen nicht so gut wie ich. Sie würden ein solches Ereignis drei Tage lang beeindruckend finden. Und dann hätten sie es zum größten Teil wieder vergessen. Außerdem würden sie sich ganz schnell darüber streiten, wie dieses Wunder nun zu deuten wäre. Und es gäbe Zwietracht und Streit. Sie würden unterschiedliche Kirchen und Religionen bilden, Kriege gegeneinander führen und wir wären auch noch Schuld daran. Nein, das lasst doch bitte sein.« Die Engel nickten alle und konzentrierten sich nun wieder auf den Boten, der noch mehr von Maria und Josef zu berichten hatte. Er hatte auch schon angedeutet, dass einige von ihnen jetzt gleich gebraucht würden, um eine Botschaft von Gott auszurichten.

Lesung

Leser/in liest aus Weihnachtsgeschichte, Teil 2: Lk 2, 8–10a.

Lied

Kinderchor   *(zum Beispiel)* Fürchtet euch nicht

Lesung

Leser/in liest aus der Weihnachtsgeschichte, Teil 3: Lk 2, 10b-14.

Vierte Szene

Erzähler/in   Als es nach dem Gesang wieder still wurde im himmlischen Rat, meldete sich der Friedensengel zu Wort. Ihn hatte es sehr berührt, wie sie alle vom zukünftigen Frieden auf Erden gesungen hatten.

Friedensengel   Ich habe eine Idee. Das Kind soll ja den Frieden bringen. Das haben die Engel gerade gesungen. Dabei könnten wir dem Kind helfen, indem wir alle bösen Gedanken einfach aus den Köpfen der Menschen rausholen. Immer wenn sie etwas denken, was böse enden könnte, greifen wir sofort ein und löschen den Gedanken im Kopf des jeweiligen Menschen aus. Dann wird überall Frieden sein.

Erzähler/in   Der himmlische Rat beriet über diesen Vorschlag besonders lange. Die Wogen gingen hoch. Einige Großengel riefen: »Was für eine tolle Idee.« Andere wieder riefen: »Das dürfen wir nicht tun. Dann sind sie keine Menschen mehr.« So wogte die Diskussion heftig hin und her. Nach einiger Zeit stand der älteste des himmlischen Rates auf und gebot allen zu schweigen. Dann sagte er: »Die Idee ist verlockend und im Laufe der Jahrhunderte haben wir über eine solche Aktion immer wieder nachgedacht. Aber Gott hat uns dieses Vorgehen immer verboten. Er will, dass sich die Menschen selber für den Frieden und für sein Reich entscheiden.« Damit lehnte der himmlische Rat auch diesen Vorschlag ab.

Und wieder hatte der Bote einiges zu berichten, was inzwischen beim Stall von Bethlehem geschehen war.

■ Lesung

Leser/in liest aus der Weihnachtsgeschichte, Teil 4: Lk 2, 15–20.

■ Fünfte Szene

Erzähler/in Als letztes traute sich der kleine Engel aus dem himmlischen Chor hervor. Lange hatte er nachgedacht und die Hirten hatten ihn auf eine Idee gebracht.

Kleiner Engel aus dem himmlischen Chor Ich habe eine Idee. Wir Engel singen jedes Jahr, wenn die Menschen den Geburtstag dieses Kindes feiern unsere himmlischen Lieder. Wir machen das so, dass sie mitten in ihren eigenen Liedern unsere Lieder mithören. So rühren wir ihre Herzen an. Und so helfen wir dem Kind bei seinem Auftrag.

Erzähler/in Zunächst herrschte im himmlischen Rat völlige Stille. Dann, nach einem entzückten Ruf einiger Großengel, brandete begeisterter Beifall los. »Wie wundervoll« reifen einige. »Eine wahrlich himmlische Idee« riefen andere. Als sich der größte Sturm gelegt hatte, rief der älteste Engel laut: »Das war eine so gute Idee, dass sie nur von einem Engel stammen kann. Wir werden mit unseren Gesängen die Herzen der Menschen anrühren. Jawohl. Nur so können wir mit den Menschen immer wieder in Kontakt kommen, jedes Jahr aufs Neue. Sie werden uns zwar nicht mit ihren Ohren, dafür aber mit ihren Herzen hören. Sie werden oft gar nicht wissen, dass wir es sind, die ihren Gesang verstärken. Aber sie werden das Besondere darin spüren.«

Und so beschloss der himmlische Rat, diesem weisen Vorschlag im Umgang mit den Menschen zu folgen – bis zum heutigen Tag.

Krippenspiele für Grundschulkinder

5. Ein Geschenk muss sein

Krippenspiel für Grundschulgruppen

Beschreibung:	Dieses Krippenspiel erzählt vor allem aus der Perspektive der Hirten. Sie sollten mit lockerem Mundwerk und lässig gespielt werden. Drei Hirtenkinder suchen auf dem Weg nach Bethlehem Geschenke für das Kind. Doch sie finden nichts, was ihnen angemessen scheint. Im Stall merken sie, dass sie schon die wichtigsten Geschenke dabei haben – sich selbst.
Alter:	Grundschulalter
Personen:	drei Hirtenkinder: Rut, Lea und Sami; erwachsene Hirten/innen 1–3 (evtl. von älteren Kindern gespielt), Maria und Josef, ein/e Erzähler/in, ein/e Leser/in, evtl. ein Kinderchor
Requisiten:	traditionelle Krippenspielkostüme; einen angedeuteten Stall mit Krippe

◾ Erste Szene

Erzähler/in	Hirten lagern auf einer großen Fläche zwischen ihren Schafen. Drei Hirtenkinder sind dabei: Ruth, ein neugieriges Kind mit Sinn für Schönheit. Lea, die schon ganz schön viel weiß. Und Sami, der praktisch denkt und leicht zu begeistern ist. Langsam wird es Abend. Die Hirten schicken die Kinder in die Schlafsäcke. Aber Lea, Ruth und Sami können noch nicht schlafen. Zu spannend ist das Gespräch der Erwachsenen heute.
Hirte/in 1	Die da oben, die haben doch keine Ahnung. Die reine Ausbeutung ist das. Und dann wird man noch behandelt wie der letzte Dreck. Ich hab's echt satt.
Hirte/in 2	Mir geht es genauso. Ich möchte auch etwas wert sein und etwas zu sagen haben.
Hirte/in 1	Die da oben sind so mit ihren Kriegen beschäftigt, dass sie gar nicht mehr mitbekommen, wie schlecht es dem einfachen Volk geht. Ich könnte schäumen vor Wut.

Hirte/in 2	Ich wünsche mir, dass mal einer kommt, der für Frieden und Gerechtigkeit sorgt. Und der allen Menschen mit Respekt begegnet.
Hirte/in 3	Im Tempel habe ich von einem Propheten gehört, der tolle Sachen gesagt hat. Jesaja heißt der – glaube ich. Der hat vor langer Zeit gelebt. Wartet mal, ich muss mich daran erinnern, was er genau gesagt hat.

▪ Lesung

Leser/in	*(aus Jesaja 9)* Das Volk, das im Finstern wandelt, sieht ein großes Licht, und über denen, die da wohnen im finstern Lande, scheint es hell. Denn uns ist ein Kind geboren, ein Sohn ist uns gegeben, und die Herrschaft ruht auf seiner Schulter und er heißt Wunder-Rat, Gott-Held, Ewig-Vater, Friede-Fürst, auf dass seine Herrschaft groß werde und der Friede kein Ende nehme.

▪ Zweite Szene

Hirte/in 1	Klingt ganz gut, aber daraus wird eh nichts.
Hirte/in 2	Aber stark wär's schon, wenn die da oben auch mal was abgeben würden, damit es uns besser geht.
Hirte/in 1	Das sind doch die reinsten Märchen. So was gibt's nicht in echt.
Hirte/in 3	Ich weiß nicht. Vielleicht ja doch.
Erzähler/in	Langsam schlafen die drei Kinder über dem leiser werdenden Gespräch der Hirten ein.

▨ Lesung

Leser/in liest aus der Weihnachtsgeschichte, Teil 1: Lk 2, 1–7.

▨ Lied

Mariä Wiegenlied

▨ Lesung

Leser/in liest aus der Weihnachtsgeschichte, Teil 2: Lk 2, 8–14.

▨ Lied

Ehre sei Gott in der Höhe

▨ Lesung

Leser/in liest aus der Weihnachtsgeschichte, Teil 3: Lk 2, 15.

▨ Dritte Szene

Erzähler/in	Die Hirten machen sich in freudiger Erwartung auf den Weg nach Bethlehem. Doch die drei Hirtenkinder sind nachdenklich. Das Gespräch vom Abend vorher geht ihnen nicht aus dem Kopf. Und nun diese Engel mit ihrem Gesang.
Rut	Was ist eigentlich ein Heiland?
Lea	Mein Papa sagt, das ist einer, der die Welt rettet. Er will allen Menschen zeigen, wie sie gut zusammenleben können.

Sami	Du meinst so, dass wir uns gar nicht mehr streiten? Und auch Mama und Papa sich nicht mehr streiten?
Lea	Ja, und der die Welt regiert, so als König wahrscheinlich. Und dann wird alles besser.
Sami	Das wäre ja toll. *(denkt eine Weile nach)* Aber sagt mal, da können wir nicht einfach so hingehen. Da müssen wir doch Geschenke mitbringen.
Rut	Da hast du eigentlich recht. Ein Geschenk muss sein. Aber wir haben doch nichts.
Sami	Ich habe eine Idee. Ich suche Gold oder Edelsteine. Vielleicht gibt mir jemand welche, wenn ich erzähle, wofür die sein sollen. Dann können wir die dem Kind schenken. *(geht ab, von Stern und Krippe weg in die Kirche hinein)*
Rut	*(seufzend)* Ich glaube ja nicht, dass er viel Erfolg haben wird, aber er kann es ja mal versuchen. *(schaut an sich herunter)* Aber so wie wir angezogen sind, können wir doch nicht zu einem solch tollen Kind kommen – einem Heiland. Ich glaube, wir brauchen andere Kleider. Ich sause los und suche etwas. Wenn die Leute hören, wofür ich die Kleider brauche, werden sie mir schon etwas geben. Ich bringe dir und Sami auch etwas anderes zum Anziehen mit. *(geht ab, von Stern und Krippe weg in die Kirche hinein)*
Lea	*(seufzend)* Ich weiß nicht recht, ob sie Kleider bekommen wird. Mal sehen. *(denkt eine Weile nach)* Aber noch wichtiger ist doch, dass wir etwas ganz Wertvolles mitbringen, das uns verändert. Wir sind *(zählt mit den Fingern auf)* nicht nett genug, nicht fröhlich genug, zu gemein zu anderen, zu wenig gastfreundlich … *(gibt das Zählen auf)* und so weiter. Also da muss sich einiges ändern. Ich suche etwas, das uns alle friedlich und freundlich macht. Vielleicht helfen mir die Menschen beim Suchen, wenn sie wissen, worum es geht. *(geht ab, von Stern und Krippe weg in die Kirche hinein)*
Erzähler/in	Die Hirten sorgten sich auf ihrem Weg nach Bethlehem, weil

Krippenspiele für Grundschulkinder

die Kinder auf einmal weg waren und suchten sie überall. Sie riefen nach ihnen, suchten unter Büschen und zwischen großen Steinen. Erst nach langer Suche tauchten die Kinder wieder auf und erleichtert zogen die Hirten mit ihnen weiter.

Sami	Ich habe kein Gold und keine Edelsteine bekommen.
Rut	Ich habe keine schönen Kleider bekommen.
Lea	Ich habe auch kein Glück gehabt und nichts gefunden, um uns friedlicher und freundlicher zu machen.
Erzähler/in	So gehen sie mit allen anderen Hirten nach Bethlehem. Erstaunt nähern sie sich einem Stall, über dem der Stern hell leuchtet. Lea, Rut und Sami fühlen sich nicht so ganz wohl, als sie den Stall von nahem sehen. Sie hatten erwartet, nun einen reich geschmückten Stall zu finden mit Gold und Silber und irgendwie ganz tollen Sachen. Stattdessen sehen sie einen ganz normalen einfachen Stall. Mit einer Holzkrippe, in der das Kind liegt. Der Stall sieht arm aus, ja, ein bisschen dreckig sogar, wie solche Ställe halt so sind. Die Wände sind aus einfachen löchrigen Holzstücken zusammengenagelt. Mittendrin zwei Erwachsene und das Kind.
Rut	Schau mal, wie das hier aussieht. Das passt doch nicht zum Retter der Welt.
Lea	Wir sollten etwas dafür tun, damit es dem Kind besser geht. Hier sieht es ja aus, wie bei uns zu Hause. Dabei sollte es hier schön und besonders sein.
Sami	Da hast du recht. Sicher haben die Eltern erwartet, dass alle Gäste etwas mitbringen, um es hier schöner zu machen. Aber was können wir tun? Wir haben doch nichts gefunden, was wir hätten mitbringen können.
Erzähler/in	Maria schaut die Kinder dabei lange an. Sie scheint zu merken, wie es den Kindern geht.
Maria	Kommt doch einmal her. Ich freue mich ganz besonders, dass ihr da seid. Ihr habt so schöne große Augen. Ihr staunt über

das, was hier geschehen ist, nicht wahr? Wundert ihr euch, dass wir in einem einfachen Stall sind? Ja, so ist das, wenn Gott Frieden machen will.

Alle drei Hirtenkinder   Ja. Aber wir wollten auch etwas mitbringen.

Maria   Ihr habt genug mitgebracht. Nämlich euch selbst und eure wunderbaren staunenden Augen. Dass ihr da seid, ist für uns Geschenk genug.

◼ Lied

Kinderchor   Kommt alle mit nach Bethlehem

◼ Vierte Szene

Erzähler/in   Die Hirtenkinder fühlten sich so wohl bei Maria, dass sie ganz ruhig und entspannt wurden. Da fielen ihnen plötzlich verschiedene Dinge ein, an die sie vorher noch gar nicht gedacht hatten.

Rut   Sami, Lea, wir könnten doch noch die Schafe melken und die Milch hier lassen. Vielleicht haben das Kind und seine Eltern ja Durst und Hunger.

Sami   Das bringt mich auf eine Idee. Ich könnte mein Schaffell da lassen, damit es das Kind ein bisschen wärmer hat.

Lea   Das ist ja toll. Und ich habe schon oft geübt, wie man aus Stroh ein weiches Bett macht. Das kann ich für das Kind gerade mal machen.

Erzähler/in   So wurden die Hirtenkinder richtig glücklich darüber, dass ihre einfachen Dinge, die sie zum Leben hatten, auch noch richtig wichtig waren für den kleinen Heiland. Ganz schön stolz saßen sie zu Füßen von Maria und Josef und wollten gar nicht mehr weg, als ihre Eltern zum Aufbruch riefen.

■ Lesung

Leser/in liest aus der Weihnachtsgeschichte Teil 4: Lk 2, 16–20.

6. Der Friede-Fürst kommt

Krippenspiel für Grundschulgruppen

Beschreibung:	Engel und Hirten erfahren, dass der Friede-Fürst kommen soll. Ihre Erwartungen und ihre Skepsis stehen im Mittelpunkt dieses Krippenspieles. Die ersten Szenen spielen im Himmel. Danach verlagert sich die Szenerie auf die Erde und folgt dem Handlungsstrang der Bibel.
Alter:	Mit Grundschulkindern gut möglich. Aber auch geeignet für etwas ältere Kinder. Kleinere Kinder lassen sich sehr gut als Engel 4, 5 und 6 integrieren.
Personen:	Engel 1–6, mindestens 2 Hirten/innen, Maria und Josef, Wirt und Wirtin, ein/e Erzähler/in, ein/e Leser/in, evtl. ein Kinderchor
Requisiten:	traditionelle Krippenspielkostüme, ein angedeuteter Stall mit Krippe

▊ Erste Szene

Die Engel stehen vorne in der Mitte, bis auf einen Engel, der auf der Kanzel steht und intensiv an einer imaginären Tür lauscht.

Erzähler/in	Im Himmel haben sich die Engel gerade versammelt.
Engel 1	*(kommt aufgeregt von der Kanzel runter gelaufen)* Habt ihr schon das Neueste gehört?
Engel 2	*(streng)* Hast du schon wieder an der Himmelspforte gelauscht?
Engel 1	*(strahlt)* Ja und wisst ihr was ich gehört habe?
Engel 4, 5 und 6 gleichzeitig	Nein, was denn. Nun erzähl schon.
Engel 1	*(nach einer Kunstpause)* Gott möchte in den nächsten Tagen sein Versprechen erfüllen, das er den Menschen schon vor langer Zeit gegeben hat.

Engel 4, 5 und 6	*(durcheinander)* Welches denn? Was denn? Was genau meint er damit?
Engel 2	*(streng)* Du weißt genau, dass du nicht heimlich an der Himmelspforte lauschen darfst. Wenn Gott eine wichtige Information für uns hat, wird er uns das schon erzählen.
Engel 4	*(winkt ab)* Das ist doch jetzt egal. Ich möchte jetzt wissen, was er gehört hat.
Engel 1	Ich habe gehört, wie Gott sich mit dem Oberengel beraten hat. Und dabei hat er ihn gebeten, alles für die Ankunft des Friede-Fürsten fertig zu machen. Und dabei haben beide so ehrfürchtig gesprochen. Ich hatte das Gefühl, dass es um jemand ganz besonderen geht.
Engel 5	Aber um wen denn? Wer ist der Friede-Fürst? Was meint Gott damit?
Engel 1	*(kleinlaut)* Das weiß ich leider auch nicht.
Engel 3	Ich glaub, ich weiß was gemeint ist. Vor langer Zeit hat der Prophet Jesaja angekündigt, dass ein Kind geboren werden soll, dass Friede-Fürst heißen wird. Die Menschen haben das in der Bibel aufgeschrieben. Lasst uns mal hören, was da genau steht.

■ Lesung

Leser/in	*(aus Jesaja 9)* Das Volk, das im Finstern wandelt, sieht ein großes Licht, und über denen, die da wohnen im finstern Lande, scheint es hell. Denn uns ist ein Kind geboren, ein Sohn ist uns gegeben, und die Herrschaft ruht auf seiner Schulter und er heißt Wunder-Rat, Gott-Held, Ewig-Vater, Friede-Fürst, auf dass seine Herrschaft groß werde und der Friede kein Ende nehme.

◼ Zweite Szene

Engel 1	(nachdenklich) »Das Volk, das im Finstern wandelt«. Passt das denn? Ist es bei den Menschen gerade finster? Ist jetzt der richtige Zeitpunkt für diesen Friede-Fürst?
Engel 2	Das finde ich schon. Unter den Menschen ist es echt finster: Soldaten schlagen mit ihren Waffen andere Menschen, Kinder werden verletzt.
Engel 3	Und viele Menschen haben zu wenig zu essen, einige sterben sogar vor Hunger. Dabei könnten sie alle überleben, wenn das Essen besser verteilt würde.
Engel 1	Meint ihr, Gott schickt diesen Friede-Fürst gerade jetzt, weil die Menschen gerade besonders böse zueinander sind?
Engel 3	Das glaube ich nicht. Zu allen Zeiten haben die Menschen die gleichen Probleme ...
Engel 5	Manchmal sind sie auch ganz nett zueinander.
Engel 3	Aber viel häufiger achten sie nur auf ihre eigenen Vorteile und kümmern sich wenig um andere. Ich glaube, Gott hat jetzt einfach die Nase voll und will endlich Schluss machen mit dem Unfrieden.
Engel 1	(reibt sich die Hände) Das wird ein Spaß. Jetzt bekommen alle Menschen mal richtig die Meinung gesagt. Der Friede-Fürst wird ja wohl mal richtig aufräumen und den Menschen sagen, wo's lang geht.
Engel 4	Was denkt ihr denn, was er genau tun wird?
Engel 2	Er wird vor allem für Ordnung sorgen unter den Menschen und ihnen die Gebote beibringen.
Engel 3	Nur wie schafft er das?
Engel 1	Der wird schon als König geboren und hat eine unendliche Macht über die Menschen. Schon bei seiner Geburt werden

Krippenspiele für Grundschulkinder

alle Menschen ihm zu Füßen fallen und seine Macht anerkennen. So ein ganz großer König halt.

Engel 3	*(skeptisch)* Na, ich weiß nicht so recht. Die ganz großen Könige der Menschen haben am Ende doch immer mehr im Blick gehabt, wie sie ihre Macht ausbauen können, statt sich um den Frieden zu kümmern. Vielleicht wird der Friede-Fürst so eine Art Engel, der die Menschen erzieht.
Engel 2	Das glaube ich nicht. Auf uns Engel hat von den Menschen noch kaum einer gehört. Das muss schon einer von ihnen – also ein Mensch – sein, damit sie ihm überhaupt zuhören.

▉ Lied

(zum Beispiel) Vom Himmel hoch

▉ Dritte Szene

Erzähler/in	Einige Zeit später war es so weit, dass Gottes Ankündigung Wirklichkeit werden sollte. Es fing damit an, dass sich zwei Menschen, Maria und Josef, auf den Weg nach Bethlehem machen mussten.

▉ Lesung

Leser/in	*(aus Kinderbibel zu Lk 2, 1–5)* Kaiser Augustus befiehlt: »Alle Menschen in meinem Reich sollen gezählt werden. Jeder muss dazu in seine Heimatstadt gehen.« Maria und ihr Mann Josef wohnen in Nazaret. Josef muss nach Bethlehem gehen. Er macht sich auf den Weg, Maria geht mit ihm. Sie erwartet ein Kind. In Bethlehem sind viele Menschen. Maria und Josef finden kein Zimmer in einer Herberge.

■ Vierte Szene

Maria und Josef sind während der Lesung aufgetreten und nähern sich nun einer Stadt.

Maria	Ich kann nicht mehr, Josef. Ist es noch weit?
Josef	Nein, Maria, bald haben wir es geschafft. Bald kannst du dich in ein Bett legen und dich ganz auf das Kind konzentrieren.
Maria	Da vorne sehe ich schon die Häuser von Bethlehem. Gleich werden wir anklopfen und ein Bett finden.

Sie gehen zum ersten Haus.

Josef	*(klopft)* Guten Tag, können wir bei ihnen ein Bett haben für diese Nacht?
Wirtin	Nein, bei uns ist alles voll.
Josef	Aber meine Frau ist schwanger und bekommt bald schon das Kind. Haben Sie nicht wenigstens eine kleine Kammer irgendwo?
Wirtin	Hilft nichts. Wo kämen wir denn hin, wenn wir für alle unser Haus öffnen würden. Bringt euer Kind woanders zur Welt aber nicht bei mir.

Maria und Josef gehen zu einem anderen Haus.

Josef	*(klopft)* Guten Tag, habt ihr ein Bett für uns? Meine Frau ist schwanger …
Wirt	Alles voll. Außerdem nehmen wir nur angemeldete Gäste. Einfach so dahergelaufen. Das wäre ja noch schöner. Und dann noch schwanger. Wollt ihr etwa hier euer Kind zur Welt bringen, was? Wollt ihr mir die anderen Gäste verschrecken, was? Kommt gar nicht in Frage.
Maria	Habt Erbarmen, junger Mann. Wir hatten so einen weiten Weg und sind so müde und geschafft.

Wirt	Komm mir nicht mit der Mitleidstour. Ich habe so viele Arme, Kranke und Schwache um mich rum. Wenn ich mich um alle kümmern wollte, wäre ich bald selber ein armer Tropf. Also sorgt für euch selber. Ich habe auch schon schwere Zeiten gehabt und habe immer für mich selber gesorgt.

Maria und Josef drehen sich traurig um. Als sie ein Stück gegangen sind, kommt ihnen die erste Wirtin hinterher gelaufen.

Wirtin	Ich habe euch noch mal hinterher geschaut. Irgendwie seid ihr was Besonderes. Ich weiß zwar nicht, was mit euch los ist, aber ich habe Mitleid mit euch. Deshalb gebe ich euch einen Tipp: Mein Bruder hat einen Stall hinten auf der letzten Weide Richtung Norden. Da könnt ihr übernachten und habt es wenigstens trocken und ein bisschen wärmer in der Nacht.
Maria	Hab herzlichen Dank, liebe Wirtin. Gott möge dich dafür reich belohnen.
Wirtin	So so, es reicht mir schon, wenn wir diesen Besuchertrubel hoffentlich bald überstanden haben.

Maria und Josef laufen zum Stall.

■ Lesung

Leser/in	*(aus Kinderbibel zu Lk 2, 6–8)* Maria und Josef müssen in einem Stall schlafen. In der Nacht bekommt Maria ihr Kind. Es ist ein Sohn. Sie wickelt ihn in Windeln und legt ihn in die Futterkrippe. Draußen auf dem Feld sind Hirten. *(Auftritt der Hirten vorne am Rand der Bühnenfläche)* Sie passen auf ihre Schafe auf.

■ Fünfte Szene

Hirte/in 1	Man ist das wieder langweilig heute Nacht.
Hirte/in 2	Sei froh, dass keine wilden Tiere kommen.
Hirte/in 1	Die wilden Tiere halten sich doch immer an die schwächsten Opfer. Dann erwischt es dich zuerst. Ha, Ha, Ha.
Hirte/in 2	Ich mag ja schwächer sein. Dafür bist du blöd wie Stroh.
Hirte/in 1	*(springt auf und droht dem anderen)* Sag das noch mal und du wirst es bereuen.
Hirte/in 2	*(winkt ab)* Ist ja gut. *(zeigt auf die andere Seite)* Hey, da hat sich ein Schaf im Gebüsch verfangen. Das müssen wir befreien.

Hirte/in 2 läuft zu dem Schaf und versucht, es aus dem Gebüsch zu ziehen. Hirte/in 1 hat sich gelangweilt hingesetzt.

Hirte/in 2	Nun hilf mir doch. Ich bekomme das Schaf nicht raus.
Hirte/in 1	*(lacht böse)* Soooo schwach sogar. Müh' dich nur. Vielleicht wirst du dann ein bisschen kräftiger.
Hirte/in 2	*(während er/sie sich immer noch mit dem Schaf abmüht)* Wenn du mir nicht gleich hilfst, sage ich dem Besitzer, dass das Schaf sich verletzt hat, weil du faul herumgesessen hast und deine Arbeit nicht machen wolltest. Du weißt, was dann passiert. Im besten Fall lässt er dich auspeitschen.
Hirte/in 1	*(schaut ihn/sie wütend an)* Du bist so ein …

Hirte/in 1 geht widerwillig hin und beide ziehen das Schaf aus dem Gebüsch.

■ Lesung

Leser/in	*(aus Kinderbibel zu Lk 2, 9)* Plötzlich wird es ganz hell. *(Engel 2 kommt auf die Bühne und baut sich in der Mitte auf)* Ein Engel kommt zu ihnen. Die Hirten erschrecken und fürchten

Krippenspiele für Grundschulkinder

sich sehr. *(Die Hirten/innen ducken sich ängstlich)* Und der Engel sagt zu ihnen:

◼ Sechste Szene

Engel 2   Fürchtet euch nicht! Siehe, ich bringe euch große Freude, die dem ganzen Volk geschehen wird; Gott hat den Retter für die Menschen geschickt, den Friede-Fürst. Heute ist er in Bethlehem geboren worden. Und so könnt ihr in erkennen: er liegt als Kind in Windeln gewickelt in einer Krippe.

◼ Lesung

Leser/in   *(aus Kinderbibel zu Lk 2, 13–14)* Plötzlich ist da eine ganze Schar von Engeln. Sie loben Gott und singen: Ehre sei Gott in der Höhe und Friede auf Erden. Gott hat die Menschen lieb.

◼ Lied

Hört der Engel helle Lieder

◼ Lesung

Leser/in   *(aus Kinderbibel zu Lk 2, 15)* Dann sind die Engel wieder fort *(die Engel verlassen die Bühne)*. Die Hirten sagen untereinander: »Lasst uns sehen, was da geschehen ist« und laufen schnell nach Bethlehem.

■ Siebte Szene

Hirte/in 2	Das klingt ja irre. Was denkst du, was dieser Typ, dieser Friede-Fürst machen wird?
Hirte/in 1	Ist doch klar. Der nimmt den Reichen das Geld weg und gibt es uns Hirten und anderen Armen. *(lacht)* Endlich bekomme ich auch mal meinen Teil ab.
Hirte/in 2	Gute Idee, vielleicht kümmert er sich um alle und ist total gerecht. Bestimmt sorgt er dafür, dass wir alle genug zu essen haben.

Die beiden Hirten laufen weiter. Hirte/in 2 stürzt und bleibt liegen. Hirte/in 1 läuft weiter.

Hirte/in 2	Hey, hilf mir. Ich bin verletzt. Hilf mir auf.

Hirte/in 1 läuft einfach weiter.

Hirte/in 2	*(ruft ihm verzweifelt nach)* Denk an den Friede-Fürst! Ich will auch zum Friede-Fürst. Der wird es dir danken, wenn du mir hilfst.

Hirte/in 1 zögert. Dann läuft er zurück, hilft Hirte/in 2 auf und stützt ihn, während sie gemeinsam weiterhumpeln.

■ Lesung

Leser/in	*(aus Kinderbibel zu Lk 2, 16)* Die Hirten kommen zum Stall. Sie finden Maria und Josef und das Kind in der Krippe. *(alle lassen sich bei der Krippe nieder und beten)* Die Hirten erzählen, was der Engel von dem Kind gesagt hat.

Achte Szene

Alle Engel stellen sich um den Stall herum auf.

Erzähler/in   Während die Hirten sich niedergekniet haben und erzählen, nähern sich noch zwei Personen vorsichtig und mit staunenden Blicken dem Stall.

Der Wirt und die Wirtin nähern sich von der anderen Seite dem Stall. Neugierig schauen sie sich um. Dann bleiben sie in der Nähe des Stalles stehen.

Wirt   Das soll ein besonderes Kind sein? Wie kommst du darauf?

Wirtin   Merkst du nichts? Hier ist so eine besondere Atmosphäre.

Wirt   Mhm, vielleicht, doch. Mir läuft so ein Schauer über den Rücken.

Wirtin   Siehst du, das ist es, was ich meine. Irgendwie ist es ganz heilig hier.

Engel 4   *(spricht zu Maria)* Du bist jetzt die Mutter eines großen Königs. Braucht er nicht einen anderen Platz jetzt? Vielleicht einen Thron oder mindestens ein tolles Kleid?

Maria   Nein, das wird er nicht brauchen. Ich glaube, dass er kein Herrscher wird wie die normalen Könige. So wie er hier geboren wird, so wird normalerweise kein großer König geboren. Und ich glaube, Gott will das so.

Engel 1   Aber er muss doch die Menschen verändern. Das kann nicht so bleiben mit dem vielen Unfrieden und dem Unrecht auf der Erde.

Maria   Ja, da hast du recht. Aber vielleicht macht er das ganz anders. Er wird sie zu nichts zwingen. Er wird versuchen, ihre Herzen zu verändern.

Engel 2   Na, wie soll das denn gehen?

Maria   Schau mal die Menschen an, die heute gekommen sind: Die Hirten haben sich gegenseitig auf dem Weg geholfen, weil sie auf dem Weg zum Friede-Fürst waren. Und der Wirt und die

	Wirtin sind auch gekommen und staunen über das, was hier geschieht.
Engel 3	Das ist ja alles schön und gut. Aber das ist doch nur ein klitzekleiner Anfang. Er muss doch noch viel mehr Menschen überzeugen. Da braucht er noch ein paar andere Mittel. Er braucht Soldaten oder ein Heer von Engeln oder …, na irgendwie eine große Macht.
Maria	Das glaube ich nicht. Er wird genauso weitermachen, wie er heute begonnen hat. Die Herzen der Menschen erreicht auch er nur ganz langsam. Jeder Mensch, der sich auf den Weg zum Friede-Fürsten macht, der verändert sich. So macht er das.
Engel 1	Und was können wir(!) dazu tun, damit das gelingt?
Engel 2	Wir können die Menschen immer an diese Geschichte erinnern. Und wir zeigen ihnen immer wieder, wie sich ihre Herzen verändern.
Engel 3	Gute Idee, aber wie stellst du dir das vor?
Engel 2	Wir singen die tollsten Lieder über dieses Kind und wenn die Menschen mitsingen, wird ihnen ganz weich ums Herz, wetten?

Alle gehen von der Bühne ab.

▮ Lesung

Leser/in	*(aus Kinderbibel zu Lk 2, 17)* Dann gehen die Hirten wieder zu ihren Schafen. Sie loben und danken Gott.

7. Die Menschen sind unverbesserlich

Ein Krippenspiel für Grundschulgruppen

Beschreibung:	Drei Engel machen sich Gedanken darüber, wieso Gott ausgerechnet in einem Menschenkind zur Welt kommen will. Skeptisch beobachten und kommentieren sie das Geschehen. Das Erlebnis der Hirten berührt sie besonders.
Alter:	Grundschulalter
Personen:	Engel 1–3, Maria und Josef, drei Hirten/innen: Tamara, Jakob und David; ein/e Erzähler/in, ein/e Leser/in, evtl. ein Kinderchor
Requisiten:	traditionelle Krippenspielkostüme; ein angedeuteter Stall mit Krippe, für die Lesung eine Kinderbibel

◼ Lied

Vom Himmel hoch o Englein kommt

◼ Erste Szene

Erzähler/in   Im Himmel haben sich die Engel versammelt.

Engel 1   *(zeigt in die Gemeinde)* Seht mal da, da stiehlt ein Bauer seinem Nachbarn drei Schafe. Wofür er die wohl braucht? Ob es ihm so schlecht geht, dass er schon stehlen muss?

Engel 2   Aber sein Nachbar hat eine kranke Frau und braucht die Schafe selber, um die teure Medizin zu kaufen.

Engel 3   Und schaut mal da hinten, da wird ein Kind geärgert, das stottert. Das ist fies.

Engel 2   Dabei kann das Kind doch gar nichts dafür. Man darf doch niemand ärgern, der stottert.

Engel 1   Man darf auch sonst niemand ärgern.

Engel 2	Stimmt. *(seufzt)* Ach, es ist so schwer, dass wir hier oben zuschauen müssen, was alles schief geht und nicht eingreifen können.
Engel 3	Ich würde so gerne auf die Erde runtergehen und den Leuten mal richtig zeigen, wie man friedlich und gut zusammenlebt.
Engel 1	Das kann ich gut verstehen, aber von uns Engeln ist das noch keinem gelungen. Alle, die das versucht haben, haben wieder aufgegeben und sind ganz traurig und verzweifelt wieder hier im Himmel angekommen.
Engel 3	Weißt du noch, wie Gabriel gesagt hat: »Die Menschen sind unverbesserlich. Immer haben sie eine Ausrede für ihr schlechtes Verhalten.«
Engel 1	Und einige haben erzählt, dass die Streitereien zwischen den Menschen so kompliziert sind, dass selbst sie als Engel manchmal nicht mehr wussten, wer nun recht hat und wie man aus dem Streit gut rauskommen soll. Und bei den Erwachsenen soll es noch viel schlimmer sein als bei den Kindern.
Erzähler/in	Zu dieser Zeit wurde der Engel Gabriel zu Maria geschickt. Das gab viel Aufruhr unter den Engeln und alle hörten gut zu, was Gabriel zu sagen hatte. Er sollte Maria ausrichten, dass sie ein Kind bekommen würde. – Nicht irgendein Kind, sondern den Sohn Gottes, den Retter der Welt.

▉ Lesung

Leser/in	*(z. B. »Komm, freu dich mit mir«, Deutsche Bibelgesellschaft)* Der Engel sagt zu Maria: »Sei gegrüßt, Maria! Gott hat Großes mit dir vor. Du wirst einen Sohn bekommen. Er soll Jesus heißen. Er ist der Retter, den Gott den Menschen schickt. Er zeigt den Menschen den Weg zu Gott.«

Zweite Szene

Engel 1   Was soll denn das jetzt? Gottes Sohn wird geboren? Das verstehe ich nicht.

Engel 2   Ein Kind soll geboren werden, das etwas ganz Besonderes ist. Das könnte etwas mit den Worten vom Propheten Jesaja zu tun haben, erinnert ihr euch?

Lesung

Leser/in   *(aus Jesaja 9)* Das Volk, das im Finstern wandelt, sieht ein großes Licht, und über denen, die da wohnen im finstern Lande, scheint es hell. Denn uns ist ein Kind geboren, ein Sohn ist uns gegeben, und die Herrschaft ruht auf seiner Schulter und er heißt Wunder-Rat, Gott-Held, Ewig-Vater, Friede-Fürst, auf dass seine Herrschaft groß werde und der Friede kein Ende nehme.

Dritte Szene

Engel 3   Ne, das kann jetzt aber nicht sein. Das kann Gott nicht ernst meinen. Wo alle Engel bei den Menschen nichts erreichen konnten, schickt er jetzt ein Kind? So ein kleines Baby, das schreit und in die Windeln macht?

Engel 2   Das verstehe ich auch nicht. Wir Engel sind doch die Boten Gottes, die den Menschen sagen, was Gott von ihnen will. Wenn wir schon keine Chance haben, dann doch erst recht nicht so ein kleines Menschenkind.

Engel 1   Seid mal leise. Ich kriege gerade einen Auftrag. *(kurze Stille, alle drei Engel lauschen gespannt)* Habt ihr das gehört? Ich soll auf eine Schafweide und dort den Hirten von der Geburt dieses Kindes in einem Stall erzählen.

Engel 2	Es wird ja immer merkwürdiger. Was soll denn das nun wieder. Was sollen denn die Hirten damit anfangen, dass ihnen von einem neu geborenen Kind erzählt wird?
Engel 3	Sie werden vor allem einen fürchterlichen Schreck kriegen und dann vor Angst davonlaufen.
Engel 1	Ja, einen Schreck bekommen sie bestimmt. Ich werde ihnen also als erstes sagen: »Ihr müsst vor mir keine Angst haben.«
Engel 2	Nein, das ist zu lang. Sag einfach: »Fürchtet euch nicht.«
Engel 3	Nützen wird es nicht viel. Warum sollten die zu einem Kind laufen, das hilflos in einer Krippe liegt und in die Windel macht?
Engel 1	Achtung, ich muss gleich los. Seid mal leise, damit ich nicht verpasse, wann ich los soll.

Die Engel gehen auf die Seite.

▪ Lesung

Leser/in	*(Anfang der Weihnachtsbotschaft aus der Kinderbibel, Vers 1–8)* Kaiser Augustus befiehlt: »Alle Menschen in meinem Reich sollen gezählt werden. Jeder muss dazu in seine Heimatstadt gehen.« Maria und ihr Mann Josef wohnen in Nazaret. Josef muss nach Bethlehem gehen. Er macht sich auf den Weg, Maria geht mit ihm. Sie erwartet ein Kind. In Bethlehem sind viele Menschen. Maria und Josef finden kein Zimmer in einer Herberge. Sie müssen in einem Stall schlafen. In der Nacht bekommt Maria ihr Kind. Es ist ein Sohn. Sie wickelt ihn in Windeln und legt ihn in die Futterkrippe. Draußen auf dem Feld sind Hirten. Sie passen auf ihre Schafe auf.

Vierte Szene

Erzähler/in	Viele Hirten sitzen um ein Feuer. Es ist eine kalte Nacht. Sterne funkeln am Himmel. Die Hirten machen sich so ihre eigenen Gedanken.
David	Mir ist kalt. Warum haben wir(!) kein Haus mit warmen Decken und weichen Strohmatten?
Jakob	Weil das nur die Reichen haben, ist doch klar.
Tamara	Aber unfair ist das schon. Ich will es auch mal so gut haben können.
Jakob	Tja, da wüsste ich noch einiges mehr, was ungerecht ist. Ich finde es zum Beispiel ungerecht, dass wir weniger Rechte haben als andere.
Tamara	Und ich finde es gemein, wie uns die Römer ihre Herrschaft aufzwingen und die Soldaten bei uns machen, was sie wollen und unser Land kaputt machen können. Und niemand darf dagegen etwas sagen.
David	Ich sehne mich so nach Frieden und Gerechtigkeit.

Engel 1 kommt auf die Bühne und baut sich in der Mitte auf.

Lesung

Leser/in	Plötzlich wird es ganz hell. Ein Engel kommt zu ihnen. Die Hirten erschrecken und fürchten sich sehr.

Die Hirten ducken sich ängstlich.

Fünfte Szene

Engel 1	Fürchtet euch nicht! Siehe, ich bringe euch große Freude, die dem ganzen Volk geschehen wird; Gott hat den Retter für die

Menschen geschickt. Heute ist er in Bethlehem geboren worden. Und so könnt ihr in erkennen: Er liegt als Kind in Windeln gewickelt in einer Krippe.

▌ Lesung

Leser/in   Plötzlich ist da eine ganze Schar von Engeln. Sie loben Gott und singen davon, wie sehr Gott die Menschen lieb hat.

▌ Lied

Hört der Engel helle Lieder

▌ Lesung

Leser/in   Dann sind die Engel wieder fort. Die Hirten sagen untereinander: »Lasst uns sehen, was da geschehen ist« und laufen schnell nach Bethlehem.

▌ Sechste Szene

David   Ich kann es kaum glauben. Das ist das tollste, was ich je gehört habe. Der Retter der Welt ist da!

Jakob   Mach mal langsam. Renn' doch nicht so. Wer weiß, was uns dort erwartet. Vielleicht stimmt das ja alles gar nicht. Das hat mich noch gar nicht überzeugt.

David   Wovor hast du Angst?

Jakob   Vielleicht ist das eine Falle. Und der Besitzer unserer Schafe will nur testen, ob wir die Schafe im Stich lassen. Genau das machen wir gerade.

David	Mich hat das voll überzeugt. Der Engel hat mich begeistert. Stell' dir das mal vor. Jetzt ist es soweit, dass es allen gut geht. Der Retter wird erst mal dafür sorgen, dass alle was zu essen haben und dass es Frieden gibt unter den Menschen.
Tamara	Ja, das klingt toll. Endlich ist der Herrscher da, der an alle denkt und seinen Reichtum an alle verteilt.
Jakob	Meinst du, der verteilt seinen Reichtum? Ich weiß nicht. Das wäre ja was ganz Neues.
David	Der Engel hat gesagt, dass er in einem Stall geboren wurde. Das klingt nicht nach großem Reichtum.
Tamara	Vielleicht war das nur ein Versehen mit dem Stall. Vielleicht waren sie gerade auf dem Weg nach Hause zu ihrem Palast, als plötzlich die Wehen losgegangen sind. Und dann brauchten sie schnell einen Unterschlupf und irgendetwas Weiches.
David	Ja, das kann sein.
Jakob	Ich wünsche mir vor allem, dass der Besitzer unserer Schafe uns fair und freundlich behandelt. Meint ihr, da kann der Retter der Welt etwas dran machen?
Tamara	Weiß nicht. Aber warum nicht?

◼ Lesung

Leser/in	Die Hirten kommen zum Stall. Sie finden Maria und Josef und das Kind in der Krippe. *(alle lassen sich bei der Krippe nieder und beten)* Die Hirten erzählen, was der Engel von dem Kind gesagt hat. Dann gehen sie wieder zu ihren Schafen. Sie loben und danken Gott.

▪ Siebte Szene

David	Ein süßes Kind.
Tamara	Ich glaube, dass das Kind doch absichtlich in dem Stall geboren werden sollte.
Jakob	Wie kommst du darauf?
Tamara	Dieses Kind und seine Eltern passen in keinen Palast. Die sind so normal und einfach. Das sind Leute wie wir.
Jakob	Aber wie kann das Kind dann dafür sorgen, dass es uns besser geht in Zukunft?
David	Das weiß ich auch nicht. Aber wir waren die ersten, die von der Geburt des Retters erfahren haben. Ist das nicht toll?
Jakob	Was ändert das?
Tamara	Na, dass wir wichtig genommen werden. Gott nimmt uns wichtig. Das habe ich heute verstanden. Ihm sind wir nicht egal.
David	Genau. Und in diesem Stall habe ich zum ersten Mal so ein ganz warmes Gefühl gehabt, als ob ich dort ganz zuhause sein könnte.
Jakob	(nachdenklich) Stimmt. Ich wollte gar nicht mehr weg von dort. So angenehm war das.
Tamara	Davon müssen wir erzählen, dass Gott einen Retter geschickt hat und dass wir ihm nicht egal sind und dass es so ärmlich und doch gleichzeitig so schön war in dem Stall.

▪ Lied

(evtl. hier Kinderchor)

■ Achte Szene

Erzähler/in   Die Engel haben den Hirten sehr neugierig zugehört.

Engel 2   Das war ja beeindruckend. Ich bin ganz erstaunt, dass die Hirten wirklich hingegangen sind zu dem Stall.

Engel 3   Ja, und ich fand toll, was für Gedanken die sich gemacht haben.

Engel 2   Und wie sie gespürt haben, dass da etwas Besonderes passiert ist.

Engel 1   Ob sich jetzt wirklich etwas ändert in der Welt? Ich meine, noch anders als das, was wir Engel tun können?

Engel 2   Vielleicht. Ich hatte den Eindruck, dass dieses Kind die Herzen der Menschen leichter erreicht als wir.

Engel 3   Wer weiß! Ich könnte mir vorstellen, dass die Menschen in zweitausend Jahren immer noch die Geburt dieses Kindes feiern. Das stell' ich mir toll vor. So mit vielen Liedern und einer Krippe und Hirten und Schafen. Maria und Josef stehen daneben. Richtig romantisch eben.

Engel 1   Die Welt ist damit aber noch nicht sehr verändert.

Engel 2   Nein, aber die Menschen werden immer ein bisschen verändert. Mit jedem Mal, in dem sie die Geburt dieses Kindes feiern, springt ein Funke von Gottes Liebe in ihre Herzen über. Jetzt verstehe ich, warum Gott diesen Weg gewählt hat, zu den Menschen zu kommen.

■ Lied

Stern über Bethlehem

8. Ein Gag für die Reichen?

Krippenspiel für Kinder im Grundschulalter

Beschreibung:	Der jugendliche Hirte Nathanael hört von der Geburt des Heilands. Nur sehr skeptisch und mit Widerwillen folgt er den anderen zum Stall nach Bethlehem. Doch dort erfährt er etwas für ihn ganz Neues.
Alter:	Für Kinder im Grundschulalter ist das Stück sehr gut geeignet. Das eine Kind, das »Nathanael« spielt, sollte vielleicht schon etwas älter sein, damit die Rolle authentisch wirkt.
Personen:	drei Hirtenkinder (Sara, Ester, Lea), ein jugendlicher Hirte (Nathanael), Maria und Josef, drei Könige, einige Engel, ein/e Erzähler/in, ein/e Leser/in
Requisiten:	traditionelle Krippenspielkostüme; ein angedeuteter Stall mit Krippe

Zum Beginn jeder Szene wird eine Lesung der Weihnachtsbotschaft aus der Kinderbibel vorgetragen.

■ Erste Szene

Leser/in	Kaiser Augustus befiehlt: »Alle Menschen in meinem Reich sollen gezählt werden. Ihre Namen sollen in Listen aufgeschrieben werden. Jeder muss dazu in seine Heimatstadt gehen.« Maria und ihr Mann Josef wohnen in Nazareth. Josef muss nach Bethlehem gehen. Er macht sich auf den Weg. Maria geht mit ihm. Sie erwartet ein Kind. In Bethlehem sind viele Menschen. Maria und Josef finden kein Zimmer in einer Herberge. Sie müssen in einem Stall schlafen. In der Nacht bekommt Maria ihr Kind. Es ist ein Sohn. Sie wickelt ihn in Windeln und legt ihn in die Futterkrippe. In der Nähe, draußen auf dem Feld sind Hirten. Sie passen auf die Schafe auf.

Erzähler/in	Die Hirten sitzen um ein wärmendes Feuer. Unter ihnen ist ein junger Hirte namens Nathanael. Auch einige Hirtenkinder sind dabei. Nathanael hört den Kindern zu und macht sich so seine Gedanken.
Sara	Soll ich euch erzählen, was mir gerade andere Kinder nachgerufen haben: »Wer nichts wird, wird Hirt.«
Lea	Sehr witzig, Ha, ha.
Ester	Zu mir haben andere Kinder auch schon mal so etwas gesagt. Meistens machen sie sich lustig darüber, dass ich als Hirtenkind so ganz anders lebe und arm bin.
Sara	Mir reicht's mit den Hirtenwitzen. Alle glauben, dass sie sich über uns lustig machen können. Ich habe keine Lust mehr darauf. Ich würde auch viel lieber auf Kamelen reiten und in großen Häusern wohnen.
Lea	Wir haben wohl nichts anderes zu erwarten. Das Leben ist so. Da sind die Großen, die Reichen, die Mächtigen. Und hier sind wir, die Kleinen und Unwichtigen.
Sara	Aber das wird sich doch ändern?!
Lea	Schön wär's, aber mein Papa sagt immer, das bleibt so.
Sara	Gott hat es aber versprochen. Das habe ich einmal gehört, als die Erwachsenen sich unterhalten haben. Warte mal, wie war das noch?

▣ Zweite Szene

Leser/in	Das Volk, das im Finstern wandelt, sieht ein großes Licht, und über denen, die da wohnen im finstern Lande, scheint es hell. Denn uns ist ein Kind geboren, ein Sohn ist uns gegeben, und die Herrschaft ruht auf seiner Schulter und er heißt Wunder-Rat, Gott-Held, Ewig-Vater, Friede-Fürst, auf

	dass seine Herrschaft groß werde und der Friede kein Ende nehme.
Ester	Ja, das habe ich auch gehört. Und ich freue mich schon sehr darauf, dass es uns eines Tages genauso gut geht wie den anderen in ihren Häusern. Dann haben wir auch so tolle Kleidung und immer genug zu essen.
Nathanael	*(spricht zu den Leuten in die Kirche hinein)* Tja, schöne Kinderträume. Wäre ja schön, wenn sich wirklich mal etwas ändern könnte. Aber das wird nicht passieren. Wäre ja da erste Mal, dass sich wirklich etwas Wichtiges ändert. Ja, so Kleinigkeiten: Ein neuer König, ein anderer Besitzer der Schafe, der eine ist mal etwas freundlicher, der andere unfreundlicher und noch ungerechter. Aber im Grunde bleibt alles gleich. Das Unrecht auf der Welt ist so hart wie Granit und wird sich sicher nicht ändern.

Dritte Szene

Leser/in	Plötzlich wird es ganz hell: Ein Engel kommt zu ihnen. Die Hirten erschrecken sehr. Aber der Engel sagt zu ihnen: »Habt keine Angst, ich bringe große Freude – für alle Menschen! Gott hat den Retter für die Menschen geschickt – den Heiland. Heute ist er in Bethlehem geboren worden. So könnt ihr ihn erkennen:
Nathanael	Ich weiß schon wie es weitergehen wird: Ihr werdet finden einen Palast in Jerusalem, da feiert man ausgiebig die Geburt des Heilands. Er wird behütet aufwachsen und eine gute Schulbildung bekommen. Er wird Soldaten um sich scharen und einem großen Heer Befehle geben. Er wird reich sein und es sich gut gehen lassen. Und das Geld dafür wird von den Steuern kommen, die wir bezahlen.
Leser/in	So könnt ihr ihn erkennen: »Er liegt als Kind in einer Krippe, in Windeln gewickelt.«

Plötzlich ist da eine ganze Schar von Engeln. Sie singen: »Ehre sei Gott in der Höhe und Friede auf Erden! Gott hat die Menschen lieb.«

■ Lied

Hört der Engel helle Lieder

■ Vierte Szene

Lea	Was war denn das? Ich habe richtig ein bisschen Angst gehabt.
Ester	Das waren Engel, die uns erzählt haben, dass ein Kind geboren wurde und dieses Kind der Heiland ist. Ich habe mal gehört, dass der Heiland die Welt verändern wird und uns hilft, dass es allen gut geht.
Sara	Seht ihr, ich habe es doch gesagt. Es wird doch alles gut. Also los, worauf warten wir? Laufen wir dahin, wo der Engel hingezeigt hat.
Nathanael	Na, wenn das mal gut geht. Ich kann mir nicht vorstellen, dass das ernst gemeint ist. Ein Heiland und Retter in einem Stall. Wer's glaubt wird selig. Aber was soll's. Ich gehe mal mit, mal sehen, was ich da finde.
Leser/in	Dann sind die Engel wieder fort. Die Hirten wollen das Kind sehen. Sie gehen schnell nach Bethlehem. Die Hirten kommen zum Stall. Sie finden Maria und Josef und das Kind in der Krippe.
Erzähler/in	Viele Hirten sind mitgekommen. Als sie sich alle zusammen dem Stall nähern, sind die Kinder ganz aufgeregt. Nur Nathanael bleibt skeptisch und misstrauisch.
Nathanael	Wahrscheinlich werden wir das Kind gar nicht zu sehen be-

kommen. Ich glaube nicht, dass wir Hirten da hineingelassen werden. Ich weiß auch nicht, was sie sich da wieder mal haben einfallen lassen. Der Heiland in einem Stall. – Jedenfalls ist das sicher nur ein neuer Gag für die Reichen, die mal zu einem Stall kommen wollen und ein bisschen Abenteuer erleben wollen.

Ach, da hinten sehe ich ja schon Könige kommen. Na, **die** dürfen natürlich rein. **Wir** bestimmt **nicht**.

Erzähler/in	Sie stehen vor einem ganz normalen Stall. Nur ein heller Stern über dem Dach lässt ihn ein bisschen anders – heller – erscheinen als die anderen Ställe in der Umgebung. Sie zögern, als sie sich der Tür nähern.
Ester	Das muss es sein. Das ist der Stall. Los, lasst uns rein gehen.
Lea	Ich weiß nicht recht. Wer weiß, was da drinnen gerade passiert. Vielleicht dürfen wir gar nicht rein.
Sara	Da hinten sind so vornehme Leute. Wir können doch nicht gleichzeitig mit denen in den Stall gehen. Meine Eltern haben mir immer verboten, solche vornehmen Menschen zu stören.
Ester	Ach was, ich trau mich jetzt hinein.
Erzähler/in	Die Kinder öffnen die Tür und bleiben erstaunt stehen. Sie sehen eine Frau und einen Mann neben einer Futterkrippe stehen. Alles scheint ganz normal. Es riecht nach Heu und Stroh und der Boden ist völlig mit Stroh bedeckt. In einer Krippe mitten im Raum liegt ein Kind in Windeln gewickelt und schläft. Daneben stehen zwei Erwachsene – die Eltern wohl – und schauen den Hirtenkindern neugierig und freundlich entgegen.
Maria	Kommt ruhig herein. Ihr seid willkommen.
Josef	Ja, kommt rein. Leider ist es nicht sehr bequem bei uns.
Erzähler/in	Die Kinder und die anderen Hirten kommen nun herein und

	blicken sich erstaunt um. Nach der Ankündigung der Engel hatten sie wohl etwas anderes erwartet.
Ester	Hier soll der Heiland geboren worden sein? Ist das dieses Kind hier in der Krippe? Süß.
Maria	Ja, wir haben ihn Jesus genannt. Und er soll die Welt verändern.
Lea	(staunend) Echt? So sieht der gar nicht aus!
Maria	(lächelnd) Wie müsste er denn aussehen, damit er für dich richtig aussieht?
Lea	Na ja, irgendwie besonders. Größer und strahlender. Na, irgendwie anders einfach.
Sara	Ich hab ihn mir genau so vorgestellt. Er sieht so friedlich und freundlich aus.
Ester	Na ja, wie ein Kind eben aussieht.

▉ Lied

Kommet ihr Hirten

▉ Fünfte Szene

Nathanael	Da hinten kommen die Könige, die ich vorhin gesehen habe. Jetzt wird es vorbei sein mit der Gemütlichkeit hier. Die Könige werden uns rausschmeißen. Die armen Kinder. Die tun mir jetzt schon sehr leid. Aber so ist es eben in der Welt, die Großen schieben die Kleinen zur Seite. Das wusste ich ja vorher schon.
Könige	Grüß Gott, ist das hier der Stall, in dem der Heiland geboren wurde? Es sieht ganz so aus.

Maria	Grüß Gott, kommt nur herein, Ihr seid richtig, denke ich. Es ist zwar schon recht voll hier, aber es wird schon gehen.
Josef	Ja, wir finden noch ein bisschen Platz hier im Stall für Euch.
Erzähler/in	Die Könige kommen herein, grüßen alle Hirten freundlich und beugen sich zu den Kindern, um sie besonders nett zu begrüßen. Dann geben sie den Eltern, Maria und Josef Geschenke und knien vor der Krippe nieder. Die Hirtenkinder schauen sie neugierig und ein bisschen ehrfürchtig an. So nahe haben sie noch nie neben Königen gesessen. – Nachdem die Könige einige Zeit gekniet und gebetet haben, stehen sie auf, und setzen sich einen Moment zu den Hirten. Das hat keiner erwartet. Die Hirtenkinder nicht und niemand sonst. Nathanael ist so verblüfft, dass er den Mund kaum mehr zu bekommt. Dann verabschieden sich die Könige wieder und ziehen weiter. Sie haben noch einen langen Rückweg vor sich. Die Hirtenkinder sind richtig aufgeregt:
Sara	Das war toll!
Lea	So nette Leute habe ich noch nie getroffen.
Ester	Und sie haben gar nichts Blödes über uns gesagt.
Leser/in	Die Hirten erzählen weiter, was der Engel von diesem Kind gesagt hat. Und viele wundern sich über die Hirten.
Nathanael	Das muss ich weiter erzählen. Aber ich fürchte, das glaubt mir kein Mensch. Hier in dem Stall ist gerade etwas Großartiges passiert. Und ich weiß noch gar nicht, was genau da passiert ist. Aber in der Welt kann sich vielleicht doch noch etwas ändern. Ich habe neuen Mut bekommen. Das ist auf jeden Fall passiert. Und die Kinder sind so fröhlich, wie schon lange nicht mehr.
Leser/in	Maria denkt noch lange darüber nach, was sie heute erlebt hat. Die Hirten gehen wieder zu ihren Schafen. Sie loben und danken Gott.

Krippenspiele für ältere
Kinder und Jugendliche

9. Gabriel will nicht

Wie die Engel die Weihnachtsgeschichte erlebten

Beschreibung:	Der Erzengel Gabriel verweigert den Auftrag, Maria die Geburt des Jesuskindes anzukündigen, weil er diesen Auftrag unverständlich und peinlich findet. Die anderen Engel versuchen ihn zu überzeugen. Aus der Engelperspektive erlebt das Publikum die Weihnachtsgeschichte und einen Gabriel, der sich schließlich doch überzeugen lässt und den Sinn in dem Ganzen entdeckt.
Alter:	ab vierte Klasse
Personen:	Erzengel Gabriel, fünf weitere Engel: Engel 2–6; Erzähler/in
Requisiten:	6 Engelgewänder

■ Erste Szene

Ein Engel betritt mit verschränkten Armen und ziemlich wütend die Bühne, einige andere Engel kommen hinterher und bleiben um den ersten Engel – Gabriel – herum stehen.

Gabriel	Nee, nee, nee, nee, nee. Nee, das mach ich nicht. Mit mir nicht!
Engel 2	Warum denn nicht? Wenn es doch dein Auftrag ist!
Engel 3	Du musst(!)gehen, Gabriel. Du hast doch gar keine Wahl!
Gabriel	Klar habe ich eine Wahl! Wenn ich einen Auftrag sinnlos, unverständlich und auch noch peinlich finde, dann habe ich schon die Wahl zu sagen: Mit mir nicht!
Engel 4	Ich weiß gar nicht, was du hast. So eine wichtige Botschaft würde ich gerne mal jemandem bringen dürfen.
Engel 5	Ja, typisch unser Bruder Gabriel: Da hat er die Chance, die wichtigste Sache der Welt mitzugestalten, und er bockt und will nicht.
Gabriel	Dann geh du doch zu Maria. Ich mach es nicht!

Engel 2	Nun erklär' uns doch mal genau, warum du es nicht machen willst.
Gabriel	Weil ich finde …

Ein weiterer Engel betritt schnell die Bühne, kommt hinzu und fragt in die aufgeregte Engelmenge.

Engel 6	Was(!) willst du nicht? Was ist hier überhaupt für eine Aufregung? Bis zum Probenraum des Engelchores hört man euch diskutieren. Worum geht es überhaupt?
Engel 2	Gabriel weigert sich, einen Auftrag von Gott auszuführen.
Engel 6	Nee!
Engel 3	Doch! Dabei geht es um so etwas dermaßen Wichtiges, ich würde sofort gehen.
Gabriel	Hab ich ja schon gesagt: Dann geh du doch!
Engel 6	Jetzt mal der Reihe nach. Was für ein Auftrag? Wohin sollst du gehen?
Gabriel	Gott will von mir, dass ich zu einer jungen Frau namens Maria gehen soll. Ich soll ihr verkünden, dass sie den Sohn Gottes auf die Welt bringen soll. Sie soll den Retter der Menschen in die Welt setzen.
Engel 6	Heilige Wolke, ist es jetzt so weit?
Engel 2	Ja, ja, Gott hat die Menschen erstaunlicher Weise immer noch so lieb, dass er seinen Retter auf die Erde schickt. Damit geht Gott selbst ja zu den Menschen.
Gabriel	Obwohl die es wirklich nicht verdient haben.
Engel 3	Hast du das denn immer noch nicht verstanden, obwohl du schon so lange hier im Himmel bist? Gottes Liebe verdient man sich auch gar nicht: Gott schenkt seine Liebe – und gerade auch denen, die es nicht verdient haben.
Engel 2	Hm, aber so ganz gerecht finde ich das ja noch nicht …

Engel 6	Und von dir, Gabriel, erfährt Maria von allem?
Gabriel	Ja, stell' dir mal vor, ich soll ihr erzählen, dass sie schwanger wird. Das weiß sie noch gar nicht. Schwanger werden vom Heiligen Geist, das glaubt mir doch kein Mensch. Schon bei meinem letzten Auftrag musste ich so eine dumme Figur abgeben: Da sollte ich im Tempel Zacharias sagen, dass er und Elisabeth in ihrem betagten Alter noch einen Sohn bekommen. Der soll den Menschen erzählen, dass Gott den Heiland zu den Menschen schickt. Hat Zacharias mir überhaupt nicht geglaubt. Da stand ich ganz schön dumm da im Tempel. Und dann musste ich den armen Kerl auch noch mit Stummheit bestrafen, weil er mir nicht geglaubt hat. Wie peinlich für Zacharias, als er zu der Volksmenge sprechen wollte und es nicht ging. Hat der(!) mir leid getan.
Engel 4	Aber jetzt ist es doch was ganz anderes.
Gabriel	Ja, noch viel schlimmer! Die arme Maria ist doch gar nicht verheiratet, und dann soll sie schwanger werden. Die ist doch unten durch bei allen. Und wenn ihr Verlobter Josef sie nun hängen lässt – also ich könnt's verstehen. Und ich soll ihr diese Sache erklären – nee, ohne mich!

Während Gabriel sein »nee, nee, nee, ohne mich« noch mehrfach wiederholt, tritt er von der Bühne ab, alle anderen Engel hinter her.

▮ Lesung

Ein/e Erzähler/in liest Lk 1, 26–38.

▮ Zweite Szene

Gabriel betritt mit allen Engeln im Schlepptau wieder die Bühne.

Engel 2 zu Engel 3 Wusste ich doch, dass er es machen würde. Hab' ich doch gesagt: Er hat keine andere Wahl!

Gabriel	Aber nicht deshalb habe ich es gemacht.
Engel 3	Warum denn dann? Warum bist du zu Maria gegangen und hast ihr verkündet, dass sie Gottes Sohn auf die Welt bringen wird?
Gabriel	Weil, weil … weil ich noch einmal über das Ganze nachgedacht habe. Und weil ich eigentlich glaube, dass Gott einem Menschen wie Maria so eine Aufgabe nicht einfach so mal eben übergibt, sondern sich dabei viel Sinnvolles gedacht hat. Und weil Maria vielleicht ja auch ganz geschmeichelt davon sein könnte, so wichtig zu sein. Und weil sie vielleicht ja auch ihrem Josef vertraut und er sich das Ganze von ihr erklären lässt, statt gleich abzuhauen. Und weil ich Gott so kennen gelernt habe, dass er Menschen, denen er einen besonderen Auftrag gibt, auch immer die Möglichkeiten bietet, diesen Auftrag umzusetzen.
Engel 5	Boa, da hast du ja eine ganze Menge begriffen.
Engel 2	Und wie war es dann? Wie war Maria?
Engel 6	Was hat sie gesagt?
Engel 4	Wie sah sie aus? Gut?
Engel 2	Hä? Darum geht es doch gar nicht!
Engel 3	Nun lass doch mal Gabriel erzählen!
Gabriel	(denkt einige Zeit etwas versonnen nach, dann) Es war ganz anders, als ich gedacht hatte. Na ja, erschreckt war sie schon am Anfang, aber dann hat sie gestrahlt. Nicht so doll, aber irgendwie ganz leise gestrahlt …
Engel 4	»leise gestrahlt« … pff!
Gabriel	Jedenfalls hatte ich auf einmal das Gefühl, ich tue ihr gar nicht etwas Schlimmes an mit meiner Botschaft. Irgendwie war sie … ganz erfüllt und erwartungsfroh.

| Engel 3 | Und wie geht es jetzt weiter? |

Die Engel treten ab.

■ Lesung

Ein/e Erzähler/in liest Lk 2, 1–8.

■ Dritte Szene

Engel kommen auf die Bühne. Alle durcheinander, wobei sie die Bühne schon fast wieder verlassen:

Engel 2	Los, los, wir müssen!
Engel 3	Denkt daran, was wir sagen sollen!
Engel 4	Vor allem singen sollen wir!
Engel 5	Endlich sind wir auch beteiligt. Kommst du eigentlich mit auf die Erde, Gabriel?
Gabriel	Auf jeden Fall!

Engel eilen zur anderen Seite weg.

■ Lesung

Ein/e Erzähler/in liest Lk 2, 9–15.

■ Vierte Szene

Die Engel kommen wieder im Himmel zusammen, nachdem sie den Hirten die gute Botschaft verkündet haben.

| Engel 2 | Wie die Hirten erschreckt geguckt haben. |

Engel 5	Ja, zuerst. Die hätten sich am liebsten verkrochen!
Engel 4	Die haben es uns kaum geglaubt, das habe ich genau gesehen.
Engel 2	Hättest du(!) irgendwelchen Engeln, die du gar nicht kennst, geglaubt, dass Gott zu dir kommt und dein ganzes Leben anders werden soll?
Engel 6	Nee, du hast recht, eigentlich unglaublich!
Engel 3	Aber dann, dann waren die Hirten ganz aus dem Häuschen!
Engel 6	Die sind sofort aufgebrochen und losgestürmt in Richtung Stall.
Engel 2	Ja, wie gut, dass zwei von uns da geblieben sind, um auf die Schafe aufzupassen. Ob das die Hirten eigentlich mitbekommen haben?
Engel 3	Schien ihnen gar nicht so wichtig irgendwie.
Gabriel	Jedenfalls konnte sie nichts zurückhalten, sie wollten Jesus in der Krippe sehen.
Engel 5	Ist ja auch schön, dann sind Maria und Josef mit dem Kind nicht so allein in Bethlehem.
Engel 4	Allein? Meinst du wirklich? Wollen wir mal vorbeischauen?
Engel 2,3,5 und 6	Oh ja, lasst uns hinfliegen.

Die Engel treten wieder ab.

▌ Lesung

Ein/e Erzähler/in liest Lukas 2, 16–20.

■ Fünfte Szene

Engel treten wieder auf.

Engel 6	Ist das(!) schön! Guckt mal, alle da unten zusammen im Stall!
Engel 2	Was die Hirten alles mitgebracht haben!
Engel 5	Ja, obwohl sie selbst gar nicht so viel haben.
Engel 4	Und die Könige mit ihren edlen Gewändern im staubigen Stroh dort. *(grinst)* Sieht gut aus!
Engel 3	Irgendwie sind sie alle wie verzaubert dort im Stall.
Engel 6	Und Josef da mit dem Jesuskind im Arm …
Engel 4	Ja, und Maria …
Gabriel	Bin ich froh, dass ich ihr damals von diesem Ereignis erzählen durfte. Bin ich froh, dass Gott sie nicht allein gelassen hat mit dieser großen Aufgabe!
Engel 1	Ja, wenn die Menschen wüssten, wie sehr sie sich auf Gott verlassen können!
Engel 6	Und auf uns!
Engel 2	Und wie viel Gutes Gott mit ihnen vorhat!
Gabriel	Das war doch mal eine richtig gute Aufgabe für mich!

■ Lied

Alle	*(singen, vielleicht sogar im Kanon)* Ehre sei Gott in der Höhe, Friede auf Erden, auf Erden und den Menschen ein Wohlgefallen. Amen.

10. Mit den Augen der Engel: Was in Bethlehem geschah

Ein Krippenspiel für eine bunt gemischte Gruppe

Beschreibung:	Die Weihnachtsgeschichte in Lukas 2 wird gelesen und mit traditionellen Rollen dargestellt. Zwei Engel verfolgen das Geschehen in Bethlehem und besprechen zwischendurch miteinander, was sie dort erleben. Gemeinsam deuten sie die Weihnachtsbotschaft für uns heute. Die darstellenden Kinder können sehr unterschiedlichen Alters sein, da es Rollen mit viel und welche mit wenig Text gibt. Insofern eignet sich dieses Krippenspiel sowohl für Grundschulklassen als auch inhomogene Gruppen, etwa einen Kinderchor oder eine bunte Mischung von krippenspielbegeisterten Kindern in der Gemeinde. Die beiden erzählenden Engel können von größeren Kindern oder Jugendlichen dargestellt werden. Es ist möglich, dass diese beiden Rollen ihre Texte nicht frei sprechen, sondern z. B. von der Kanzel verlesen.
Alter:	4–14 Jahre
Personen:	Maria, Josef, Engel 1–3, weitere Engel, mehrere Hirten/innen, König 1–3, Sternträger/in, Schäfchen nach Belieben (Kinder); zwei Erzähl-Engel: Gabriel und Raffaela (Jugendliche); Erzähler/in (liest Lk 2 in Abschnitten)
Requisiten:	klassische Krippenspielgewänder

▎ Erste Szene

Zwei Engel (ohne Flügel, nicht durch äußere Requisiten als Engel erkennbar) unterhalten sich: Gabriel und Raffaela.

Gabriel	Hey, Raffaela! Ich muss dir was erzählen! Unbedingt! Du glaubst nicht, was ich erlebt habe! Eine ganz merkwürdige Aufgabe habe ich von Gott bekommen. So etwas habe ich ja noch nie gemacht.
Raffaela	Oh, Gabriel! Erzähl! Das klingt spannend!
Gabriel	Ich bekam so einen Auftrag, wie wir Engel ihn manchmal

bekommen. Eigentlich sind wir Engel ja genau dazu da, dass Gott uns zu den Menschen schickt. Aber dieses Mal war es echt sonderbar: Ich wurde zu einer Frau gesandt. Maria hieß sie. Ich sollte ihr etwas Ungeheuerliches erzählen. Ich konnte es selbst kaum glauben.

Raffaela	Nun erzähl schon, Gabriel, spann mich nicht so auf die Folter. Was solltest du ihr erzählen?
Gabriel	Also, Maria war allein zu Hause, als ich zu ihr kam. So, wie wir Engel es eben machen, stand ich plötzlich bei ihr. Natürlich erschrak sie sehr. Ich sagte ihr, dass sie nicht zu erschrecken brauche, ich hätte eine wunderbare Nachricht für sie. »Maria«, sagte ich, »Maria, Gott will dir Gutes tun. Du wirst schwanger werden und einen Sohn bekommen. Und du sollst ihm den Namen Jesus geben. Jesus wird etwas ganz Besonderes sein: Er wird Gottes Sohn sein. Er wird wie ein König sein, aber nicht mit Schloss und Hofstaat. Sondern ein König des Friedens. Für alle Menschen wird es gut werden.«
Raffaela	Und? Was hat Maria gesagt?
Gabriel	Erst konnte sie es kaum glauben, aber dann sagte sie: »Gut. Es soll so geschehen, wie Gott es will.« Dann verließ ich Maria wieder.
Raffaela	Und? Wie ging's weiter?
Gabriel	Das will ich ja auch gerade wissen. Komm mit!

Gabriel und Raffaela verlassen die Bühne.

■ Lied

Vom Himmel hoch da komm ich her

■ Zweite Szene

Gabriel und Raffaela hetzen über die Bühne.

Raffaela	Nun ist aber mal gut, Gabriel. Nun sag schon: Wo sind wir hier und was sollen wir da?
Gabriel	Da! Da ist Bethlehem!
Raffaela	Ja, und? Was sollen wir in Bethlehem?
Gabriel	Versteh doch mal, Raffaela! Ich will unbedingt wissen, wie die Geschichte mit Maria und dem Jesuskind weitergeht.
Raffaela	Und warum sind wir dann nicht nach Nazaret gegangen, dorthin, wo Maria und ihr Verlobter Josef leben?
Gabriel	Wegen des Befehls von Kaiser Augustus aus Rom: Weil er wissen will, wie viele Menschen zu seinem Reich gehören, macht er eine Volkszählung. Alle Menschen müssen in die Stadt gehen, in der sie geboren wurden. Deshalb musste Josef mit Maria nach Bethlehem, weil er von König David abstammt.
Raffaela	Nee! Die schwangere Maria musste den ganzen Weg von Nazaret bis nach Bethlehem zurücklegen??
Gabriel	Ja, weil der Kaiser es so wollte. Und nun will ich die beiden hier finden.
Raffaela	Wie sollen wir das in diesem Gedränge nur schaffen? Die ganze Stadt ist ja voll von Menschen! Männer, Frauen, Kinder, total überfüllt! Eine schwangere Frau mit ihrem Mann kann ich nicht entdecken.

■ Lesung

Erzähler/in liest Lk 2, 1–5.

Während der erste Abschnitt der Weihnachtsgeschichte gelesen wird, gehen Maria und Josef langsam über die Bühne und bleiben in der Mitte stehen.

▌ Lied

(z. B.:) Maria durch ein' Dornwald ging

▌ Dritte Szene

Gabriel	Diese Volkszählung hat ja wohl alle Menschen auf die Beine gebracht!
Raffaela	Die Hotels und Herbergen sind total voll. Hoffentlich finden Maria und Josef noch einen Platz für die Nacht. Maria bekommt doch bald ihr Kind.
Gabriel	*(ruft laut)* Da! Da sind die beiden: Sie stehen gerade vor einer Herberge. Sehen ziemlich ratlos aus.
Josef	Es tut mir leid, Maria. Schon wieder kein Zimmer für uns. Das war jetzt die letzte Herberge.
Maria	Dann gehen wir eben in den Stall hinein. Das hat uns der eine Wirt doch angeboten, Josef.
Josef	Ja, Maria, das ist wohl das Beste. Wenn es nicht anders geht.

Josef und Maria wandern noch einmal über die Bühne bis in die Mitte. Maria setzt sich auf einen Hocker, der vorher bereitgestellt wurde, zwischen den beiden steht die Krippe mit einer Babypuppe.

▌ Lesung

Erzähler/in liest Lk 2, 6–7.

▨ Lied

(z. B.:) Es ist ein Ros entsprungen

▨ Vierte Szene

Die Hirten/innen mit ihren Schafen setzen sich am vorderen Rand der Bühne zum Lagern hin.

Gabriel	Jetzt sind die anderen dran!
Raffaela	Welche anderen meinst du denn?
Gabriel	Unsere Schwestern und Brüder, die anderen Engel. Sie sollen den Hirten von der Geburt des Jesuskindes erzählen.
Raffaela	Nein, da musst du dich wohl irren. Ich glaube nicht, dass die Engel wirklich als erstes zu den Hirten gehen sollen. Die Hirten sind arm, haben kein Geld, haben nichts zu sagen, einige sind bestimmt Gauner. Die können mit der Nachricht von der Geburt von Jesus als Retter für die Welt doch gar nichts anfangen. Sicher sollen die Engel erst mal in die Hauptstadt fliegen, zu den Politikern und den Wirtschaftsleuten. Die können doch viel mehr aus der Botschaft machen.
Gabriel	Nein, nein, ich hab das schon richtig verstanden. Gerade die, die nichts zu sagen haben, geht diese Nachricht etwas an. Gerade die, bei denen es ziemlich duster ist, betrifft sie. Gerade zu ihnen kommt Jesus.

Die Engel aus dem Chor treten im Halbkreis hinter die Hirten/innen, die Hirten/innen drehen sich zu ihnen um und schauen sie erschreckt an.

▨ Lesung

Erzähler/in liest Lk 2, 9–14.

■ Lied

(z. B.:) Vom Himmel hoch da komm ich her

■ Fünfte Szene

Engel 1	Fürchtet euch nicht!
Engel 2	Wir verkündigen euch große Freude!
Engel 3	Für euch ist heute Jesus geboren!
Engel 1	Das ist das Zeichen: Das Kind ist in Windeln gewickelt.
Engel 2	Es liegt in einer Krippe.
Engel 3	Ehre sei Gott in der Höhe!
Engel 1	Und Friede auf Erden bei den Menschen.

■ Lesung

Erzähler/in liest Lk 2, 15–16.

■ Lied

(z. B.:) Kommet ihr Hirten

Währenddessen erheben sich die Hirten/innen, gehen eine Runde durch die Kirche, knien dann vor der Krippe nieder.

▉ Sechste Szene

Während sich im Folgenden Gabriel und Raffaela unterhalten, geht der/die Sternträger/in los, holt die drei Könige ab, zieht mit ihnen einmal durch die Kirche.

Gabriel	Tja, nun sind sie da. Wie schön, dass Maria und Josef nicht so allein sind im Stall. Die Gesellschaft der Hirten tut ihnen bestimmt gut.
Raffaela	Und den Hirten tut es gut, das kleine Jesuskind zu sehen. Guck mal, wie sie strahlen. Als ob ein besonderes Licht auf ihre Gesichter fällt.
Gabriel	Besonderes Licht? Tatsächlich, irgendwie ist hier ein anderes Licht. Aber woher kommt es?
Raffaela	*(zeigt auf die Könige mit Stern, die sich gerade der Bühne nähern)* Guck mal, dort drüben. Was kommt denn da für eine Karawane?
Gabriel	Vornehme Leute, scheint mir. Sehr(!) vornehme Leute.
Raffaela	Es sieht aus, als ob es weise Menschen sind. Sie kommen aus dem Morgenland. Sie folgen dem Stern.

Der/die Sternträger/in bringt die Könige zur Krippe.

König 1	Wir grüßen dich, du neugeborener König!
König 2	Gold, Weihrauch und Myrrhe bringen wir dir.
König 3	Wir legen dir unsere Kronen zu Füßen und knien vor dir nieder.

Die Könige knien sich vor die Krippe und legen ihre Kronen ab.

▉ Lesung

Erzähler/in liest Lk 2, 17–20.

■ Lied

(z. B.:) Ich steh' an deiner Krippen hier

Die Hirten/innen stehen auf, stellen sich an die Seite des Stalles, die Könige stehen auf, stellen sich an die andere Seite des Stalles.

■ Siebte Szene

Raffaela	Wie die Geschichte mit dem Jesuskind wohl weitergeht?
Gabriel	Ich glaube, da wird noch eine ganze Menge passieren. Und: Aufhören wird diese Geschichte sicher nie. Ich glaube, die Menschen werden sich auch in 2000 Jahren noch an diese Geschichte erinnern und die Geburt des Heilands immer wieder neu erleben.

■ Lied

(z. B.:) Wisst ihr noch wie es geschehen

11. Gedanken von Nacht und Licht

Damals bei den Hirten, kurz bevor Jesus auf die Welt kam

Beschreibung:	Weihnachtsszene mit jugendlichen und erwachsenen Hirten, die in ihrem Alltag auf bessere Lebensbedingungen hoffen und sich daran erinnern, dass Gott mit dem Messias auch ihnen Frieden versprochen hat. Sie überlegen miteinander, auf welche Weise für sie selbst erlebbar werden kann, dass mit dem Kind, das geboren werden soll, Frieden und Gerechtigkeit in die Welt kommen.
Alter:	10–14 Jahre
Personen:	alter Hirte Jonathan, Hirtin Rebekka, fünf jugendliche Hirten/innen: Simon, Ester, Jakob, Dina, Samuel Wenn mehr Kinder beteiligt werden möchten, können die Sprechteste auf weitere Personen verteilt werden.
Requisiten:	Hirtenkostüme, Decken, ein Feuer aus Hölzern und einer Lichterkette unter roten Tüchern

◾ Spiel

Es ist Nacht. Die Hirten lagern um ein Feuer. Simon, Ester, Jakob, Dina und Samuel liegen in Decken gehüllt, die beiden Erwachsenen sitzen dabei. Jakob richtet sich auf

Jakob   Ich frier' mir einen ab! Vor lauter Kälte kann ich hier auf dem Feld überhaupt nicht schlafen.

Die anderen richten sich auch auf.

Simon   Ich kann auch nicht schlafen, Jakob. Da wird man ja zum Eisklotz!

Samuel   Es wird wirklich Zeit, dass sich was ändert. Immer hier draußen auf dem Feld, das hält ja auf Dauer kein Mensch mehr aus!

Ester   Jammern nützt aber doch nichts. Was wollt ihr denn machen? Wir sind Hirten und wir bleiben Hirten.

Simon	Aber, Ester, muss man denn erfrieren, nur weil man Hirte ist?
Jakob	Du hättest eben als reicher Kaufleute-Sohn auf die Welt kommen müssen, Simon, oder noch besser als Sohn vom König, von diesem Herodes. Dann ginge es dir jetzt prächtig. Aber als Hirte ist man eben arm und verachtet.
Simon	Aber wieso eigentlich?

Der alte Jonathan rückt zu den Hirtenkindern heran und schaltet sich ein.

Jonathan	Du weißt ja, die Schafe gehören nicht uns, wir passen nur auf sie auf. Der Herr, dem die Herde gehört, zahlt uns nicht viel für das Hüten der Tiere, und euch Kindern ja noch weniger. Da können wir uns keine eigenen Schafe leisten. Wir müssen also weiter zu diesem Hungerlohn auf die Schafe anderer aufpassen.
Ester	Aber warum ist es so ungerecht?
Jonathan	Die Römer beherrschen doch unser Land. Sie versuchen, uns Juden arm und damit schwach zu halten. Wenn es uns zu gut geht, haben die Römer Angst, dass wir uns zusammentun und gegen sie kämpfen. Deshalb tun sie alles, damit es uns als jüdischem Volk schlecht geht.
Dina	Aber nicht nur die Römer sind ja doof zu uns. Warum tuscheln die Kinder aus dem Dorf, wenn sie uns sehen? Die sind doch auch Juden wie wir.
Samuel	Ja, warum fliegen da manchmal Steine hinter uns her?
Jonathan	Wir sind eben arme Leute. Deshalb verachten uns die anderen Menschen. Nur weil sie ein bisschen mehr Geld haben als wir.
Ester	Mir haben neulich welche aus dem Dorf hinterher gerufen: »Passt auf eure Sachen auf, die Hirten sind unterwegs.« Als ob ich klauen würde.
Jonathan	Es kommt tatsächlich manchmal vor, auch unter den Hirten,

Krippenspiele für ältere Kinder und Jugendliche

	dass jemand klaut. Ehe ihre Familie verhungert oder man keine Decken in der Nacht hat, klauen manche schon mal.
Jakob	Aber das ist doch ganz schön gemein. Ändert sich denn nie was? Müssen wir immer weiter arm und für die anderen »das Letzte« sein?
Ester	Kümmert sich denn nie jemand um uns? Interessiert sich niemand dafür, wie es uns geht?
Rebekka	Doch. Ihr wisst ja, in unseren heiligen Schriften können wir alles nachlesen, was für uns Juden wichtig ist. Und in den Schriften steht, dass Gott(!) sich um uns kümmert. Dass Gott(!) sich dafür interessiert, wie es uns geht.
Simon	Aber wieso merken wir davon nichts? Warum fängt Gott nicht endlich damit an, sich für uns zu interessieren?
Dina	Er könnte doch alle Armen reich machen und alle Reichen arm.
Jakob	Oder Gott könnte dicke Schaffelle vom Himmel werfen, dann wäre mir wenigstens nicht so kalt.
Rebekka	Davon steht in den Schriften nichts. Aber es steht da, dass eines Tages alles anders wird. Viel besser. Für immer. Und für alle. Wie wenn aus einem abgestorbenen Baum ein neuer Zweig austreibt und das Leben ganz neu anfangen kann, so wird es sein.
Ester	Aber wann wird das sein?
Rebekka	In den Schriften steht, es wird ein König kommen. Das wird der Messias sein, auf den wir Juden schon so lange warten.
Simon	(begeistert) Ja, ein König muss kommen, mit einem ganz gro-ßen Heer. Mit vielen Waffen.
Samuel	(ebenfalls begeistert) Und mit Pferden, auf denen die Sol-daten gegen die Römer kämpfen. Dieser König wird die Rö-mer in Nullkommanix aus Israel rausschmeißen.

Dina	Genau. Und er wird auch die besiegen, die meinen, sie sind was Besseres als wir.
Rebekka	Hört doch mal, wie es da in den Schriften heißt. Ein Prophet, einer, der viel von Gott verstanden hat, hat gesagt: »Das Volk, das im Finstern wandert, sieht ein großes Licht; die im Lande des Dunkels wohnen, über ihnen strahlt ein Licht auf. Gott, du nimmst den Menschen die Last ab. Denn ein Kind ist uns geboren, das Gerechtigkeit bringen will. Es heißt: starker Gott und: Gott des Friedens. Es ist wie ein Licht, das uns den Weg zeigen will. Es wird uns nicht mehr allein lassen und uns beistehen.«
Jakob	Wieso denn ein Kind? Wie kann ein Kind denn die Römer besiegen?
Jonathan	In den Schriften steht: Das Kind kommt von Gott. Und Gott kämpft anders als mit Waffen und Soldaten.
Dina	Aber wie will Gott machen, dass alles gut wird in der Welt? Ohne Soldaten?
Jonathan	Ich glaube, dass Wichtige ist erst einmal, dass Gott als Kind zu uns Menschen kommt. Direkt auf die Erde. Gott zum Sehen und Anfassen sozusagen. Mit dem Kind will Gott zeigen, dass er mit uns Menschen etwas zu tun haben will. Dass er mitten unter uns sein will.
Simon	Aber zu uns(!) kommt er bestimmt nicht.
Rebekka	Doch. Auch zu uns. Vielleicht auch: gerade(!) zu uns. Da steht doch, dass das Licht zu dem Volk kommt, das im Dunkeln wandert.
Jakob	Na, und dunkel ist es bei uns nun ja wirklich. Eher zappenduster sogar. So schlecht, wie es uns geht.
Ester	Aber ich habe immer noch nicht verstanden, wie es nun bei uns hell werden soll. Außer, dass bald Morgen ist und die Sonne aufgeht, aber das ist ja nichts Besonderes.

Krippenspiele für ältere Kinder und Jugendliche

Jonathan	Das Kind wird der Messias sein, steht in den Schriften. Der, mit dem Gott uns befreien will von allem, worunter wir leiden. Auf den Messias warten alle ja schon seit langer Zeit.
Rebekka	Und dass es ein Kind sein wird und kein König, heißt nämlich: Wenn man an Gott glaubt, muss man damit rechnen, dass alles anders werden kann, als man denkt. Wenn's einem schlecht geht, wird es nicht schlecht bleiben. Auch wenn es gar nicht möglich scheint: Bei Gott ist Unmögliches möglich.
Simon	Auch, dass man plötzlich nicht mehr arm und verachtet ist?
Jonathan	Ja, auch das ist bei Gott möglich.
Ester	Aber wie wird das dann passieren? Nur weil ein Kind geboren werden wird?
Jakob	(hat eine Idee) Vielleicht, wenn wir es Gott nachmachen und auch auf einmal anders sind, als man es von uns erwartet? So ganz überraschend?
Simon	Hä?? Wie meinst du das denn?
Jakob	Wenn wir auf einmal zu allen nett sind. Wenn wir uns untereinander schon mal akzeptieren. Vielleicht akzeptieren uns die anderen, die aus dem Dorf, dann auch.
Ester	Ha, ha. Und wenn wir nett zu den Römern sind, sind die auch nett zu uns, oder wie?
Jakob	Vielleicht? Du hast ja gehört: bei Gott ist nichts unmöglich.
Rebekka	Ja, Jakob, das glaube ich auch: Wir(!) sind gefragt. Und ich glaube, wenn dieses Kind, dieser Messias, kommt, dann werden sich die Menschen anstecken lassen. Wenn Gott ganz dicht bei uns sein will, dann verändert das schon die Menschen. Wie wenn du merkst, dass dich jemand sehr gern hat und dir viel zutraut. Dann fühlst du dich doch auch gleich viel besser. Bist gut gelaunt und nett zu den Leuten um dich herum. So ähnlich ist das vielleicht, wenn das Kind von Gott kommen wird.

Jonathan	Vielleicht lässt sich auch nicht alles erklären. Vielleicht muss man selbst erleben, was die Geburt dieses Kindes bei einem selbst bewirkt. Und manches bleibt wohl ein Geheimnis.
Ester	Es klingt jedenfalls unheimlich schön, was ihr da von dem Kind erzählt.
Simon	Ja, und für mich ist das Wichtigste, dass auch wir bei Gott eine Chance haben.
Dina	Wisst ihr was? Ich freu' mich plötzlich ganz doll auf die Geburt dieses Kindes.
Die anderen	Ich auch!

12. Josef war kein Christ, Josef war Jude

Krippenspiel einer Schulklasse mit interreligiösen und anderen Anfragen

Beschreibung:	Eine Schulklasse will ein Krippenspiel einstudieren. Die Jugendlichen – etwa im Konfirmand(inn)en / Firmlings-Alter – hinterfragen dabei kritisch und humorvoll, modern und traditionell zugleich die Weihnachtsbotschaft (»Wo ist denn eigentlich der Frieden, der damals versprochen wurde?«) und unseren Umgang mit der Geschichte (»Kann Rimsha als Muslimin eigentlich die Maria spielen?« »Müssen die Eltern aus einem weit entfernten Land stammen, damit man einen der Weisen aus dem Morgenland gut spielen kann?«). Sie entdecken in einer fröhlichen und zugleich ernsthaften Auseinandersetzung mit sich selbst und der Geschichte ihre Bedeutung für uns heute. Auch das Publikum wird einbezogen.
Alter:	ab 12 Jahre
Personen:	Schülerinnen: Caroline, Sarah, Rieke, Josefine, Rimsha, Anastasia; Schüler: Jannis, Mustafa, Semih, Saranju, Nicolai, Eren; Lehrer/in: Herr/Frau Grimm Bei Konfigruppen / Firmgruppen auch möglich: 6 Konfirmandinnen / Firmlinge (w), 6 Konfirmanden /Firmlinge (m) und eine/n Pasto/rin / Pfarrer. Dann findet die Aufführung im Zweiten Akt an Heiligabend in der Kirche statt.

▨ Erster Akt

In der Schule. Es klingelt. Die Schülerinnen und Schüler kommen in den Klassenraum, stehen herum und warten auf den/die Lehrer/in. Ein Stuhlkreis ist aufgebaut. Frau Grimm, die Klassenlehrerin, – je nach Rollenbesetzung auch Herr Grimm – betritt den Raum. Die Schülerinnen und Schüler stellen sich auf.

Frau Grimm	Moin zusammen!
Alle Kinder	Guten Morgen, Frau Grimm!
Semih	*(einzeln hinterher)* Guten Morgen, Frau Grimm!
Frau Grimm	Morgen, Semih. Setzt euch doch mal in den Stuhlkreis. Ihr

habt so viel gearbeitet in der letzten Zeit, zur Belohnung fangen wir heute mit etwas anderem an: Wir wollen mit dem Krippenspiel beginnen. Ihr wisst ja, wir dürfen in diesem Jahr das Krippenspiel während der Schulweihnachtsfeier aufführen.

Alle Kinder setzen sich in den Stuhlkreis. Rieke meldet sich.

Frau Grimm	Ja, Rieke?
Rieke	Ich möchte die Maria spielen.
Mehrere Mädchen	*(durcheinander)* Ich auch, ich auch! Nein, ich! Ich will!
Frau Grimm	*(lacht)* So geht das nicht! Mehr als eine Maria gehört ja gar nicht in das Stück!
Wieder die gleichen Mädchen	*(durcheinander)* Aber ich will! Nein, ich!
Rieke	Ich hab' zuerst gefragt!
Caroline	Aber du hast schon neulich das Dornröschen spielen dürfen!
Rieke	Eben, deshalb bin ich ja auch gerade in Übung!
Frau Grimm	Also, wie machen wir es?

Rimsha meldet sich.

Frau Grimm	Ja, Rimsha?
Rimsha	*(etwas schüchtern)* Ich möchte gerne die Maria spielen.
Josefine	Aber Rimsha, geht das denn? Du als Muslimin?
Rimsha	Warum denn nicht?
Frau Grimm	Warum denn nicht?!
Jannis	Weil, weil, weil … du doch gar nicht an Jesus glaubst.
Rieke	Äh, dann darf Paul auch nicht mitspielen, der sagt doch immer, dass er an Gott und »den ganzen Quark« nicht glaubt.
Frau Grimm	Also, jetzt mal der Reihe nach: Rimsha, du möchtest gerne die Maria spielen?

Rimsha	Ja.
Josefine	Erlauben das denn deine Eltern?
Rimsha	Aber ich will doch nur die Maria spielen(!), ich bin(!) sie doch nicht. Warum sollen meine Eltern etwas dagegen haben?
Rieke	Ich konnte ja auch das Dornröschen spielen, obwohl ich diese Macho-Geschichte mit dem Prinz und dem Wachküssen total chauvi-mäßig finde!
Josefine	Stimmt auch wieder.
Mustafa	Dann bin ich aber Josef!

Einige Kinder lachen.

Jannis	*(lacht auch)* Aber du bist doch auch Moslem. Und kein Christ.
Mustafa	Na und? Das ist wie bei denen im Theater. Der Romeo ist doch auch nicht in echt in Julia verliebt, das spielt er nur.
Sarah	Josef war kein Christ, Josef war Jude.
Jannis	Echt? Aber dann kann ihn doch sowieso keiner von uns spielen.
Mustafa	Eben. Und deshalb kann ja auch ich ihn spielen.
Frau Grimm	Und wenn Mustafa Josef ist, dann kann Rimsha doch Maria sein, oder?

Die Kinder stimmen zu.

Frau Grimm	Prima. Dann lasst uns mal sehen, wer denn noch gerne eine Rolle übernehmen möchte.
Semih	Ich finde, Eren sollte einer der Heiligen drei Könige sein. Du siehst doch schon so aus, Eren, wo deine Eltern doch aus Äthiopien kommen.
Frau Grimm	Das sollte Eren aber selbst entscheiden.
Eren	Okay, ich mach 'nen König.

Jannis	Ja, und Nicolai und Saranju können auch Könige sein.
Frau Grimm	Wieso das?
Jannis	Nicolai kommt aus Russland und Saranju aus Korea – das ist doch auch von weit her, wie die Könige.
Rieke	Aber aus Russland und aus Korea kamen die drei Heiligen Könige doch nun wirklich nicht.
Jannis	Aber aus Deutschland ja wohl erst recht nicht, also ist es doch am besten, wenn Nicolai und Saranju die Rollen übernehmen.
Caroline	Aber Saranju kann doch viel zu wenig deutsch sprechen.
Semih	Oh nee, was bist du doch dumm. Die Weihnachtgeschichte ist doch in Israel geschehen, da hat damals doch auch kein Mensch deutsch gesprochen.
Caroline	Ach so, naja, wenn das so ist …
Saranju	Dann bin ich König.
Semih	Und Nicolai kennt sich gut aus mit dem Anbeten und so. Seine Eltern gehen doch immer in die orthodoxe Kirche, da kann er doch gut König sein, oder Nicolai?
Nicolai	Eigentlich möchte ich lieber ein Hirte sein.
Frau Grimm	Warum?
Nicolai	Ich möchte lieber ein Schaffell schenken. Damit kann doch das Jesuskind viel mehr anfangen als mit Weihrauch oder Myrrhe.
Semih	Och, mit dem Gold wüsste ich schon, was ich damit machen würde …
Frau Grimm	Also könnte Nicolai einer der Hirten sein. Wer möchte noch?

Sarah und Caroline melden sich.

Frau Grimm	Gut, Sarah und Caroline sind Hirtinnen.

Krippenspiele für ältere Kinder und Jugendliche

Jannis	Nee, das geht nicht. Mädchen! Das gab es doch gar nicht!
Frau Grimm	Was gab es nicht?
Jannis	Na, Hirtinnen. Frauen. Auf dem Feld. Bei den Schafen.
Frau Grimm	Doch, natürlich gab es Hirtinnen. Sie haben genauso wie die Hirten auf die Schafe aufgepasst. Die Tiere gehörten meistens anderen Menschen, die Hirtinnen und Hirten waren so etwas wie Tagelöhner, Angestellte, die für sehr wenig Geld auf die Herden aufpassten. Da haben alle gearbeitet. Weil sie so wenig verdienten, ging es ihnen übrigens meistens schlecht. Die Hirten mochte keiner. Sie waren ziemlich verachtet.
Jannis	Also, ich will keinen Hirten spielen.
Frau Grimm	Wen möchtest du denn dann spielen?

Jannis denkt nach.

Jannis	*(zögernd)* Den Engel?

Alle anderen Kinder lachen.

Jannis	Ey, was is'n daran so komisch?
Caroline	Ausgerechnet du willst ein Engel sein? Da brauchst du aber viel Schauspieltalent. Ansonsten glaubt dir das kein Mensch.
Jannis	*(hartnäckig)* Wieso denn nicht? Was ist an mir als Engel denn nicht gut?
Sarah	Na, also einen Engel habe ich mir immer freundlich vorgestellt, nett zu allen, höflich, nicht so laut, nicht so angeberisch …

Jannis will auf sie losgehen. Frau Grimm stellt sich dazwischen.

Frau Grimm	Ich finde ja sowieso, wir sind mit unserer Vorstellung von Engeln viel zu festgelegt. Ich glaube, dass jeder Mensch zu einem Boten Gottes werden kann. Und wenn Jannis das möchte, warum nicht? Ich bin dafür, dass Jannis Engel wird.

Josefine	*(kichert)* Muss er dann auch ein weißes Kleid anziehen und einen goldenen Reif im Haar tragen?
Jannis	Du wirst schon sehen, ich bin ein besonderer Engel.
Frau Grimm	So. Jetzt haben wir Maria und Josef, den Engel, einen Hirten und zwei Hirtinnen, zwei Könige … wer macht den dritten König?

Josefine meldet sich.

Frau Grimm	Äh, vielleicht einer von den Jungs?
Josefine	Aber wenn es Hirtinnen gegeben hat, dann wird es sicher auch Königinnen gegeben haben! Oder etwa nicht?
Frau Grimm	Äh, natürlich hat es auch Königinnen gegeben damals. Aber es ist ja so: Eigentlich waren die Heiligen drei Könige gar nicht Könige und auch nicht drei.
Alle Kinder	Hä?
Frau Grimm	Na ja, es waren schlaue Menschen, Sterndeuter, die sich gut auskannten mit der Welt. Die Weisen aus dem Morgenland sagt man ja auch. Und dass es drei sind, hat man sich irgendwann mal überlegt, weil es ja drei Geschenke sind, die sie mitbringen: Weihrauch, Gold und Myrrhe.
Josefine	Na also.
Frau Grimm	Na also was?
Josefine	Na also, wenn es Weise waren und mehr als drei, wird erst recht auch eine Frau dabei gewesen sein. Also bin ich die dritte Weise aus dem Morgenland.
Frau Grimm	Na, also gut, machen wir es so. Das wird sowieso ein sehr besonderes und sehr schönes Krippenspiel werden. Jetzt brauchen wir noch einen Sternträger …

Caroline fällt ihr ins Wort.

Caroline	… oder eine Sternträgerin …

Krippenspiele für ältere Kinder und Jugendliche

Frau Grimm	Ja, genau, machst du es, Anastasia? Prima, dann können wir anfangen zu proben.
Eren	Und was machen Rieke und Semih, die keine Rolle spielen?
Frau Grimm	Euch brauche ich, um …

Sie holt die beiden dicht an sich heran und flüstert ihnen etwas zu. Begeistert hören sie zu, dann laufen alle von der Bühne.

▉ Zweiter Akt

Es ist der letzte Schultag vor Weihnachten. Aufführung des Krippenspieles. In der Aula ist die Bühne für das Krippenspiel aufgebaut: In der Mitte ein angedeuteter Stall mit Krippe, daneben ein einfacher Stuhl, an der Seite der Bühne ein Lagerfeuer für die Hirten. In der Krippe befinden sich sehr viele vorbereitete Zettel, zu Rollen gebunden, auf denen steht: »Ehre sei Gott in der Höhe und Friede auf Erden und den Menschen ein Wohlgefallen«. Später verteilen die Hirten und Hirtinnen sie an alle Zuschauer/innen.

Die Schülerinnen und Schüler der Klasse sind in ihren Rollen verkleidet und stehen am Rand.

Rieke und Semih kommen in weißen Laken-Gewändern auf die Bühne und stellen sich am Rand auf. Sie beginnen im Wechsel mit dem Sprechen der Weihnachtsgeschichte nach dem Lukasevangelium, aber nach und nach verändern sie den Text, so dass sie schließlich in ihre eigene Sprache und Deutung hineinkommen. Währenddessen treten Maria und Josef, Engel, Hirtinnen und Hirten und die Weisen in ihrer traditionellen Form auf (mit Requisiten wie Goldkästchen, etwas, das nach Weihrauch und Myrrhe aussieht, Schafe für die Hirtenmenschen etc.). Sie spielen im Folgenden das, was von der Sprecherin und dem Sprecher in den weißen Gewändern erzählt wird. Alle sind in die klassischen Krippenspiel-Gewänder gekleidet, nur der Engel Gabriel hat Jeans, Kapuzenpulli und Turnschuhe an.

Semih	»Es begab sich aber zu der Zeit, dass ein Gebot von dem Kaiser Augustus ausging …«
Rieke	»… dass alle Welt geschätzt würde. Und diese Schätzung

	war die allererste und geschah zurzeit, da Quirinius Statthalter in Syrien war.«
Semih	»Und jedermann ging, dass er sich schätzen ließe, ein jeder in seine Stadt.«
Rieke	»Da machte sich auf auch Josef aus Galiläa, aus der Stadt Nazaret, in das jüdische Land zur Stadt …« – zu wessen Stadt? »… zur Stadt Davids« – ist das wichtig? Scheinbar ja. »… die da heißt Bethlehem.«
Semih	»… weil er … weil er …« … weil er von David abstammte.
Rieke	»… damit er sich schätzen ließe mit Maria, seinem vertrauten Weibe …« nee, das sag ich so nicht. Wie klingt denn das? Ich sag lieber »… damit er sich schätzen ließe mit Maria, seiner Verlobten. Die war schwanger.«
Semih	Uiuiui!

Josef und Maria treten auf, gehen langsam und in Ruhe die Bühne entlang, einmal hin und dann wieder zurück. Dann gehen sie in den Stall, Maria setzt sich.

Semih	»Und als sie angekommen waren, kam die Zeit, dass sie ihr Kind bekommen sollte.«
Rieke	»Und sie bekam ihren ersten Sohn, wickelte ihn in Windeln und legte ihn in eine Krippe. Denn sie hatten keinen anderen Übernachtungsplatz abbekommen, so voll war es in der Stadt.«

Anastasia tritt mit ihrem Stern auf die Bühne und stellt sich neben den Stall.

Semih	Eigentlich ja voll hart. Hat die ihr Kind ganz alleine auf die Welt gebracht?
Rieke	Josef war ja bei ihr!
Semih	Ja, wie dem wohl zumute war, dabei zu helfen, das Kind seiner Verlobten auf die Welt zu bringen, das nicht von ihm war … so ganz bei der Sache war der sicher nicht.
Rieke	Meinst du echt? Ich glaub', das war dem in dem Moment

egal. Der hat einfach gesehen, dass es jetzt um das Kind und um Maria geht.

Semih	Nee, ich denk, der hat gedacht: Das mach' ich hier noch, weil Maria mich ja braucht, aber dann hau' ich ab.
Rieke	Ist er aber nicht.
Semih	Nee, ist er nicht.

Die Hirtenmenschen kommen auf die Bühne und setzen sich um das Lagerfeuer herum.

Semih	»Und es waren Hirten in derselben Gegend auf dem Felde bei den Herden, die hüteten des Nachts ihre Schafe.«
Rieke	»Und der Engel Gottes trat zu ihnen …«

Jannis als Engel tritt zu den Hirtenmenschen.

Rieke	»… und die Klarheit des Herrn leuchtete um sie.«
Semih	Ey, Jannis, mehr Klarheit!
Jannis	Scherzkeks, was heißt denn das – »… die Klarheit des Herrn leuchtete um sie«?
Caroline	Na ja, sie waren … berauscht? High? Von den Socken?
Sarah	Nee, ich glaub', das heißt einfach: Es wurde ganz hell im Dunkeln.
Caroline	So wie beim Feuerwerk?
Sarah	Mehr wie bei einem Scheinwerfer: Auf einmal konnten sie klar sehen.
Jannis	Aha!?
Semih	Na ja, jedenfalls: »… und sie fürchteten sich sehr.«

Der Hirte und die Hirtinnen zeigen Furcht und rücken zusammen.

Semih	»Und der Engel sprach zu ihnen: …«
Jannis	»Fürchtet euch nicht! Siehe, ich verkündige euch große

Freude, die allem Volk widerfahren wird, denn euch ist heute der Heiland geboren, welcher ist Christus, der Herr in der Stadt Davids.«

Die Hirtenmenschen sind überrascht und springen auf.

Jannis	»Und das habt zum Zeichen: Ihr werdet finden das Kind in Windeln gewickelt und in einer Krippe liegen.«
Rieke	»Und alsbald war da bei dem Engel die Menge der himmlischen Heerscharen, die lobten Gott und sprachen …«
Caroline	Oh, die Menge der himmlischen Heerscharen, die haben wir gar nicht. Was nun?
Nicolai	Das können doch die Zuschauer sein, das Publikum hier im Raum. *(zeigt auf die echten Zuschauer)*
Semih	*(grinst und schaut ins Publikum)* Oh ja, viele, viele Engel!
Rieke	»Und alsbald war da bei dem Engel die Menge der himmlischen Heerscharen, die lobten Gott und sprachen …«

Sie macht deutliche auffordernde Bewegungen in das Publikum, so dass klar wird, dass alle den Text weiter sprechen sollen (man kann vorher drei Leute aus dem Publikum instruieren, dann machen die anderen leichter mit).

Das Publikum im Raum	Ehre sei Gott in der Höhe und Friede auf Erden und den Menschen ein Wohlgefallen.
Sarah	Wieso denn »den Menschen«? Sind damit alle auf der Erde gemeint? Was ist denn nun mit Paul und den anderen, die gar nicht an Gott glauben? Oder mit Rimsha und Mustafa und Saranju, die ganz anders als wir an Gott glauben? Haben die nun auch ein »Wohlgefallen« bekommen, was immer das ist?
Jannis	Also »Wohlgefallen« ist … also … »Wohlgefallen« meint … wenn es einem gut geht. Rundherum gut. Also … »Wohlgefallen« ist das gleiche wie Frieden innen und außen.
Sarah	Okay, leuchtet mir ein. Aber für wen denn? Für alle, die damals dabei waren, für alle, die an Jesus und Gott glauben,

oder wirklich für alle, auch wenn die gar nichts von Gott wissen? Oder nichts von Gott merken?

Jannis	Ja … also …
Anastasia	Also, ich glaub schon: Das gilt für alle. Wieso denn nicht? Ich glaube nicht, dass Gott auswählt: Dich mag ich, dich mag ich nicht, dich mag ich, dich mag ich nicht. Das passt nicht für mich. Gott will bestimmt, dass es allen gut geht.
Sarah	Also brauche ich gar nicht an Gott zu glauben und bekomme trotzdem Frieden?
Anastasia	Ich glaub ja nicht, dass jemand glaubt, um etwas zu bekommen. Man glaubt halt einfach.
Rimsha	Von welchem Frieden redet ihr eigentlich?
Jannis	Ja, wirklich: Die Engel haben das nun schon vor 2000 Jahren angekündigt. Und, was ist? Von Frieden keine Spur!
Eren	Och, wir verstehen uns doch gut hier. Ich finde es echt mega friedlich in unserer Klasse!
Jannis	Ja, aber sonst so auf der Welt? Afghanistan, Irak …?
Josefine	… Pakistan, Tschetschenien, und dann: Afrika?
Saranju	Nichts angekommen von dem Frieden!
Rieke	Na ja, wer weiß, wenn der Engel es nicht gesagt hätte, wenn Jesus nicht geboren worden wäre: Vielleicht hätten wir dann noch viel mehr Krieg?
Semih	Nee, dann hätten die Engel gesagt: »Und überwiegend Frieden auf Erden, bis auf einige Länder.« Ham'se aber nicht!
Rimsha	Ich weiß nicht, wie ich das mit Weihnachten und dem Frieden in der Welt verstehen soll …
Nicolai	Können wir jetzt mal los? Ich will zu Jesus!
Rieke	Ja, okay, stimmt ja. »Und als die Engel von ihnen gen Himmel fuhren, sprachen die Hirten untereinander …«

Nicolai	»Lasst uns nun gehen nach Bethlehem …«
Sarah	»… und die Geschichte sehen, die da geschehen ist …«
Caroline	»… die uns der Herr kundgetan hat.«
Rieke	»Und sie kamen eilend …«

Die Hirtenmenschen brechen auf, drehen eine große Runde über die Bühne und kommen am Stall an. Sie knien vor der Krippe nieder.

Rieke	»… und fanden beide, Maria und Josef, dazu das Kind in der Krippe liegen.«
Semih	»Als sie es aber gesehen hatten, breiteten sie das Wort aus, das man zu ihnen gesagt hatte über das Kind.«

Die Hirtenmenschen stehen auf und nehmen aus der Krippe vorbereitete Zettel, zu Rollen gebunden, auf denen steht: »Ehre sei Gott in der Höhe und Friede auf Erden und den Menschen ein Wohlgefallen.« Sie gehen in das Publikum und verteilen die Rollen unter den Menschen, so dass alle eine bekommen. Dann kommen sie zurück auf die Bühne vor den Stall.

Rieke	»Und alle, vor die es kam, wunderten sich über das, was ihnen die Hirten gesagt hatten.«
Eren	Hallo? Und wir? Wann sind wir dran?
Jannis	*(grinst)* Bei Lukas offensichtlich gar nicht!
Frau Grimm	*(kommt auf die Bühne)* Das hatten wir doch verabredet: Über die Weisen aus dem Morgenland steht doch nur im Matthäusevangelium etwas, im Lukasevangelium werden sie nicht erwähnt. Ihr kommt jetzt zum Stall, weil bei jeder Krippe eben die Weisen auch dazu gehören.
Sarah	Die reisten ja eh erst nach Jerusalem, als Jesus schon geboren war. In Bethlehem kamen sie dann ja erst später an.
Saranju	Sind Maria und Josef denn die ganze Zeit in dem Stall geblieben? Bis die Weisen angereist waren?
Frau Grimm	Im Matthäusevangelium ist gar nicht von einem Stall die Rede, sondern von einem Haus. Bei Lukas ist übrigens auch nur

der »Futtertrog«, die »Krippe« erwähnt, deshalb kommt man auf den Stall.

Josefine   Also was ist jetzt? Können wir los?

Frau Grimm tritt wieder zur Seite.

Rieke   Ich les' dann einfach mal aus dem Matthäusevangelium: »Und siehe, der Stern, den sie im Morgenland gesehen hatten, ging vor ihnen her, bis er über dem Ort stand, wo das Kindlein war. Als sie den Stern sahen, wurden sie hoch erfreut ...«

Anastasia geht mit dem Stern los, holt die Weisen vom Rand der Bühne ab und bringt sie zum Stall.

Rieke   »... sie gingen in das Haus und fanden das Kindlein mit Maria, seiner Mutter, und fielen nieder und beteten es an und taten ihre Schätze auf und schenkten ihm Gold, Weihrauch und Myrrhe.«

Die Weisen knien nieder und legen ihre Geschenke ab. Auch ihre prunkvollen Mäntel breiten sie vor der Krippe aus.

Eren   Können wir nicht noch etwas mehr für die drei hier tun? Nur anbeten ist doch etwas wenig, in ihrer Situation? Vielleicht haben die eher Hunger?

Saranju   Okay, hier ist was aus meinem Reiseproviant. *(gibt Josef etwas zu essen in die Hand)*

Josefine   Eigentlich ist das mit den Weisen und dem Jesuskind ja so wie mit uns heute und der Weihnachtsgeschichte.

Eren   Wieso?

Josefine   Na ja, die Weisen stecken eigentlich in ihrem Morgenland drin, sind weise und forschen hier und da, und kommen nur mal zum Gucken und bisschen Anbeten vorbei nach Bethlehem in den Stall. So wie wir mit Weihnachten: Wir sind alle mit unseren eigenen Dingen beschäftigt: Schule, Freundschaften, Anerkennung. Nur zu Weihnachten, da lassen wir

	uns mal ein bisschen ein auf die Geschichte mit Jesus und Gott in der Welt und so.
Sarah	Ja, schon, aber die Weisen erzählen doch auch bestimmt zu Hause davon, was sie erlebt haben.
Eren	Ja, bestimmt waren die ganz verändert, als sie wieder umkehrten und ins Morgenland zurück reisten.
Semih	Ja, bestimmt. So wie wir nach dieser Aufführung. *(grinst breit ins Publikum)*
Rieke	Halt, der letzte Satz fehlt noch!
Semih	Ach ja: »Maria aber behielt alle diese Worte und bewegte sie in ihrem Herzen. Und die Hirtinnen und Hirten kehrten wieder um, priesen und lobten Gott für alles, was sie gehört und gesehen hatten …«
Rieke	»… wie denn zu ihnen gesagt war.«
Jannis	Jo! Und das machen wir jetzt auch. Wir singen zusammen: »Ehre sei Gott in der Höhe!«

13. Alle Jahre wieder???

Ein Weihnachtstück für eine Jugendliche und eine Stimme aus dem Off

Beschreibung:	Eine Jugendliche wird beim Einüben des Textes eines traditionellen Weihnachtsliedes von einer Stimme aus dem Nichts überrascht. Sie grübeln gemeinsam über die Bedeutung und den Sinn von Weihnachten und überlegen, wie man die heutige Realität und den Glauben an die Weihnachtsbotschaft in Einklang bringen kann. Dabei machen sie manche bedeutsame Entdeckung in der alten Tradition.
	Die Szene nimmt Gedanken und Fragen von Jugendlichen etwa ab dem Konfirmand(innen)alter /Firmalter auf und kann von zwei Jugendlichen gespielt werden.
Alter:	ab 12
Personen:	Eine Jugendliche; eine Stimme aus dem Off (die man nicht sieht, sondern nur über eine Lautsprecheranlage hört)
Requisiten:	eine Lautsprecheranlage

■ Spiel

Die Jugendliche tritt nach vorne.

Jugendliche	So, nun muss ich mich aber endlich ranhalten und den Text auswendig zu lernen. In zwei Tagen ist schon die Weihnachtsfeier, und ich soll das Lied alleine vorsingen und weiß immer noch nicht alle Strophen.
	Also, den Anfang kann ich schon, der ist ja babyleicht:
	(liest vom Zettel ab:)
	»Alle Jahre wieder
	kommt das Christuskind
	auf die Erde nieder«
	(eine Stimme aus dem Nichts)
Stimme	Bist du dir da wirklich sicher?
Jugendliche	Wie bitte?

Stimme	Ich fragte, ob du dir da wirklich sicher bist.
Jugendliche	Hä? Wieso? Was meinst du damit? Und … und – wer redet da überhaupt?
Stimme	Ich wollte von dir wissen, ob du dir da wirklich so sicher bist, dass das Christuskind jedes Jahr auf die Erde niederkommt. Ich meine, wenn es wirklich zur Erde kommen würde, müsste es dann nicht ganz anders hier bei euch aussehen? Viel friedlicher zum Beispiel, schöner und liebevoller und so???
Jugendliche	Äh, ehrlich gesagt, darüber habe ich mir noch nie Gedanken gemacht. Ich wollte eigentlich nur den Text lernen für die Weihnachtsfeier …
Stimme	Vielleicht solltest du das aber mal machen, du und die anderen Menschen hier auf der Erde. Wozu singt ihr denn sonst solche Lieder, wenn ihr gar nicht wisst, was ihr damit meint?
Jugendliche	Äh, ja, klingt logisch, sollte man vielleicht mal … Also, ich denke, dass Christuskind kommt alle Jahre wieder auf die Erde, man merkt es nicht so, weil wir nicht wirklich daran glauben und weil wir uns nicht richtig darauf einlassen, dass es kommt, und … *(macht eine kleine Pause)* Also, weißt du was? Wenn ich es mir ganz genau überlege, dann glaube ich das doch nicht. Warum sollte das Christuskind jedes Jahr auf die Erde kommen? Erstens: Wer ist das Christuskind überhaupt? Und zweitens: Dann wäre es ja wohl hier viel friedlicher bei uns, wenn dieses Christuskind hier wäre.
Stimme	Sag ich ja!
Jugendliche	Hä?
Stimme	Genau das sag ich ja.
Jugendliche	Also ist in echt gar nichts dran an Weihnachten und Jesus und so?
Stimme	Das habe ich nicht gesagt.
Jugendliche	Vielleicht muss es eben deshalb Jahr für Jahr auf die Erde

Krippenspiele für ältere Kinder und Jugendliche

kommen, weil einmal(!) eben nicht ausreicht für den echten Frieden!

Stimme   Du meinst, die Wirkung vom Jesuskind verbraucht sich wie etwa die Kraft eines Akkus? Nach einiger Zeit ist die Kraft verbraucht, die Erde muss zum Weihnachtsfest wieder neu aufgeladen werden mit der neuerlichen Ankunft des Christuskindes?

Jugendliche   Ach nee, ich weiß nicht, so kann ich mir das auch irgendwie nicht vorstellen. Aber ich wollte ja auch überhaupt nicht diskutieren jetzt, nun lass mich mal in Ruhe meinen Text lernen. Also noch mal von vorn:
»Alle Jahre wieder
kommt das Christuskind
auf die Erde nieder
wo wir Menschen sind.«

Stimme   Siehst du, also deshalb.

Jugendliche   Wie: »also deshalb«? Und warum unterbrichst du mich schon wieder?

Stimme   Also deshalb kommt das Christuskind auf die Erde. Weil da die Menschen sind. Ich glaube nämlich, dem Christuskind sind Menschen sehr wichtig.

Jugendliche   Wieso? Ich meine, wieso kommt es dann auf die Erde? Erstens: Was haben wir Menschen davon, wenn das Christuskind auf die Erde kommt? Und zweitens: Wie macht sich das denn bemerkbar, dass das Christuskind da ist? Ich habe es in echt noch nie gesehen. Und du wirst ja wohl nicht den tausendfachen Abklatsch des Jesuskindes meinen, als Kitschfigur in einer Kitschkrippe, als Anhängsel für den Weihnachtsbaum, zum Ausschneiden und Zusammenfalten, mit Glitzer, aus Keksteig und all die anderen zuckersüßen Christuskindgestalten …

Stimme   Nee, sicher nicht, da hast du recht. Aber mach mal weiter.

Jugendliche   »Kehrt mit seinem Segen … ein in jedes Haus«

Stimme	Genau das ist es!
Jugendliche	»Geht auf allen Wegen … mit uns ein uns aus.« Wie geht denn das: »Kehrt mit seinem Segen ein in jedes Haus«? Als ich noch klein war, habe ich mir das immer als Szene vorgestellt, ähnlich wie mit dem Nikolaus: Jesus geht nachts durch die Straßen und verteilt in jedes Haus leise den Segen: »Einmal Segen bitte!«
Stimme	Jesus ist das ganze Jahr hier bei euch. Aber viele von euch lassen ihn erst zur Weihnachtszeit herein.
Jugendliche	Wie das?
Stimme	Weil viele das ganze Jahr über selten an ihn denken. Weil ihr gar nicht mit ihm rechnet.
Jugendliche	Aber jetzt mal ganz ehrlich: Dieses Christuskind, das ist doch der kleine Jesus, oder?
Stimme	Ja, stimmt.
Jugendliche	Und der ist doch, so viel ich weiß, als er dreißig war, gekreuzigt worden. Richtig?
Stimme	Richtig.
Jugendliche	Und dann ist er auferstanden, war einige Zeit wie lebendig bei seinen Freundinnen und Freunden auf der Erde, und dann ist er – hab' ich im Konfer/im Firmunterricht gelernt – »aufgefahren in den Himmel«. Also irgendwie zu Gott gegangen. Auch richtig?
Stimme	Ja, auch richtig.
Jugendliche	Und warum sollte dieser Jesus da oben im Himmel … also wie soll der alle Jahre wieder – als Kind dann auch noch … wieder auf die Erde kommen?
Stimme	Weil Gott sich bemerkbar machen möchte für die Menschen. Weil Gott zeigen will: Da wo ihr seid, da bin ich auch, ihr müsst nur genau hinsehen. Gerade da, wo es arm und dunkel und frustig ist, wie in dem Stall, wenn man lieber ein Gäs-

tezimmer gehabt hätte. Weil Gott zeigen will, dass er gerade den Kindern nahe ist, deshalb wurde er selbst ein Kind.

Jugendliche	Ja, aber wenn Gott alles kann, hätte er das nicht ein bisschen deutlicher machen können? Mehr so riesen Tafeln vom Himmel fallen lassen, auf denen drauf steht: »Ich bin bei euch«, oder so, aus Stein, dann würden die heute vor dem Reichstag in Berlin stehen und alle könnten es auch heute noch wissen und wären glücklich? Wie soll ich denn – nur weil damals vor mehr als 2000 Jahren ein Baby geboren ist – heute noch fühlen, dass Gott bei mir ist?
Stimme	Meinst du wirklich, dass Steintafeln mehr bringen würden? Nachzulesen ist das alles schon, in der Bibel, und noch viel mehr über Gott. Wissen könnten es die Menschen schon, aber du hast recht: die Menschen müssen es fühlen.
Jugendliche	Ja, und wie?
Stimme	Mach doch noch mal weiter, dann bekommst du schon noch mit, wie.
Jugendliche	»Ist auch dir zu Seite … still und unerkannt …«
Stimme	Genau, das ist es: unerkannt. Gott ist mitten unter euch, aber ihr merkt es eben nicht immer. Es muss ja nicht unbedingt in Gestalt eines kleinen Kindes im Stall kommen. Gott hält sich ja offen, in ganz anderer Weise euch zu begegnen.
Jugendliche	Ja? Wie denn zum Beispiel?
Stimme	In irgendeinem Menschen um dich herum zum Beispiel kann Gott dir begegnen. Oder als ein Gedanke, den du plötzlich hast und der dich unerwartet weiterbringt, ein Geistesblitz sozusagen. Oder in einem Ereignis … Manchmal wird Gott eben nur im Nachhinein erkannt. Und manchmal auch gar nicht. Offen für Gott muss man schon sein. Und dazu braucht man wohl andere Menschen, die einem von den eigenen Erfahrungen mit Gott erzählen.

	(Kurze Pause) Oh, oh, eh du weiter machst, muss ich sagen: Ich gebe zu, jetzt wird es ein bisschen kitschig.
Jugendliche	»Dass es treu dich leite … an der lieben Hand«
Stimme	Also, so süßlich müsste das von mir aus nicht klingen. Aber was daran wichtig ist: dass Gott verlässlich ist. Ich kann mich darauf verlassen, dass er es gut mit mir meint. Oft genug erlebe ich das, manchmal erahne ich es auch nur, und manchmal kann ich es auch gar nicht erkennen. Trotzdem weiß ich: Gott hält zu mir.
Jugendliche	Und das steckt alles in diesem alten Weihnachtslied? Hätt' ich ja nicht gedacht!
Stimme	Ja, mir gefällt es auch gut. Schön, wenn das immer wieder Menschen entdecken, so wie du.
Jugendliche	Du …? Eigentlich ist das ja ein echtes Ding, das mit Weihnachten. Dass Gott uns so nahe sein will und für uns da ist und uns lieb hat … ich meine, ganz schön toll ist das. Wenn ich mir das so überlege, das macht irgendwie so … zufrieden.
Pause	
Jugendliche	Äh … eine Frage hast du mir aber nun noch gar nicht beantwortet: Wer bist du überhaupt? *(kleine Pause)* Hallo? Du? Du da, du Stimme, wo bist du jetzt? Jetzt ist sie weg, die Stimme. Hat mir ja eine Menge erklärt. Ich würde ja zu gern wissen, wer das war!
Alle singen	Alle Jahre wieder kommt das Christuskind auf die Erde nieder wo wir Menschen sind Kehrt mit seinem Segen ein in jedes Haus geht auf allen Wegen mit uns ein uns aus

Ist auch dir zu Seite
still und unerkannt
dass es treu dich leite
an der lieben Hand

Quellenangaben

Die Bibeltexte sind verschiedenen Quellen entnommen

Jesaja 9,1.5–6 (Im himmlischen Rat): Gute Nachricht Bibel, revidierte Fassung, durchgesehene Ausgabe in neuer Rechtschreibung, © 2000 Deutsche Bibelgesellschaft, Stuttgart.

Jesaja 9,1.5–6 (alle anderen Stellen) und Lk 2,1–20: Lutherbibel, revidierter Text 1984, durchgesehene Ausgabe in neuer Rechtschreibung, © 1999 Deutsche Bibelgesellschaft, Stuttgart.

Weihnachtsgeschichte aus der Kinderbibel (in: Die Menschen sind unverbesserlich, Der Friedefürst kommt, Ein Gag für die Reichen?): Komm, freu dich mit mir. Die Bibel für Kinder erzählt von Karin Jeromin, illustriert von Rüdiger Pfeffer, © 1999 Deutsche Bibelgesellschaft, Stuttgart.

Alle anderen biblischen Texte wurden von der Autorin / dem Autor selbst übersetzt.

■ Bildnachweis

Seite 9: designritter / photocase.com
Seite 27: kallejipp / photocase.com
Seite 69: lila21 / photocase.com